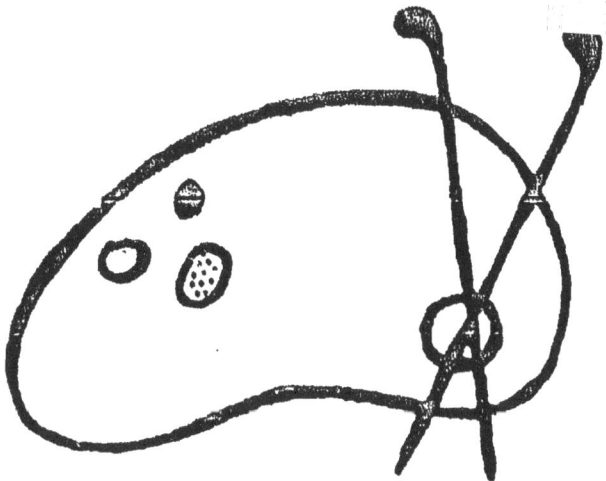

Début d'une série de documents
en couleur

ARMAND SILVESTRE

L'EFFROI
DES BÉGUEULES

Illustrations par CH. CLÉRICE

PARIS
A LA LIBRAIRIE ILLUSTRÉE
8, RUE SAINT-JOSEPH, 8

Tous droits réservés

A LA MÊME LIBRAIRIE
ET CHEZ TOUS LES LIBRAIRES

ARMAND SILVESTRE

LES FACÉTIES DE CADET-BITARD
Un beau volume in-18 jésus. Prix . . .   3 fr. 50

AU PAYS DU RIRE
Un beau volume illustré par CLÉRICE. Prix . .   3 fr. 50

L'ÉPOUVANTAIL DES ROSIÈRES
Un beau volume, illustré par CLÉRICE. Prix :   3 fr. 50

FABLIAUX GAILLARDS
Un beau volume, illustré par BLASS. Prix . . .   3 fr. 50

JOYEUX DEVIS
Un beau volume, illustré par CLÉRICE. Prix :   3 fr. 50

CONTES SALÉS
Un beau volume, illustré par CLÉRICE. Prix :   3 fr. 50

HISTOIRES SCANDALEUSES
Un beau volume, illustré par CLÉRICE. Prix :   3 fr. 50

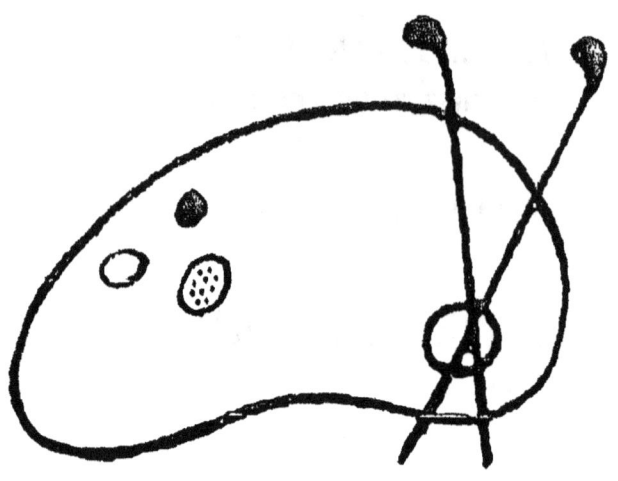

Fin d'une série de documents en couleur

L'EFFROI
DES BÉGUEULES

EMILE COLIN — IMPRIMERIE DE LAGNY

ARMAND SILVESTRE

L'EFFROI
DES BÉGUEULES

PARIS
ERNEST KOLB, ÉDITEUR
8, RUE SAINT-JOSEPH, 8

Tous droits réservés

ORIENTALE

ORIENTALE

I

Et celle-ci me fut contée par un de nos plus brillants officiers de spahis qui, lui-même, la tenait directement d'un narrateur arabe, et n'y avait ajouté qu'un peu de ce bon sel gaulois qui pousse encore aux lèvres de notre vieille race, comme le salpêtre étincelant aux pierres ensoleillées des solides murailles. Car le grave musulman n'y voyait nullement matière à rire, mais seulement le sujet d'une de ces légendes fastueusement naïves, toutes lumineuses de fantaisie, où se retrouve l'imagination des *Mille et une Nuits*. Que si quelque chose vous paraît incongru, Madame, dans cette aventure, songez que les hommes d'Orient sont demeurés de grands enfants et qu'on laisse tout dire au jeune âge. Moi, je la tiens pour absolument innocente, malgré que le militaire exubérant de qui je l'ai recueillie l'accompagnât de malice dans le regard et d'un certain frémissement dans la moustache, où de moins purs que moi auraient pu flairer des sous-entendus. Moi, je suis pour comprendre les choses à la bonne franquette et simplement comme on les dit.

La journée avait été comme une coulée d'or brûlant sur la terre desséchée, et la fraîcheur du soir, longtemps attendue, semblait y descendre comme de célestes oasis dont les fleurs seraient les étoiles. Le sultan Abdulaziz, suivi seulement de son fidèle Salem, noir comme un encrier vivant, avait quitté la terrasse d'où montaient encore de petites fumées bleues aux lèvres des cassolettes, pour marcher, enveloppé d'un long burnous, par les rues où l'on entendait des derboukas et des tambourins rythmer de lascives danses, derrière les portes d'où filtraient des lumières roses. Abdulaziz était visiblement mélancolique et les méchants lazzis de Salem ne faisaient pas même passer un sourire sur la blancheur entrevue de ses dents. Salem, qui aimait qu'on goûtât son esprit, avait fini, lui-même, par se renfrogner, et tous les deux glissaient comme deux ombres, dans la poussière blanche qu'argentait un rayon de lune. Mais soudain le sultan hâta le pas derrière une forme qui s'était un instant détachée en noir sur la clarté blanche du mur, là où deux chemins se croisaient. Abdulaziz, qui avait aimé beaucoup les femmes, ce qui lui permettait de dire, comme le psalmiste, que « ses reins n'étaient plus remplis que d'illusions », avait gardé ce coup d'œil dont les fervents seuls sont immédiatement inspirés et qui leur donne, même à distance, l'impression de la beauté. Dans cette silhouette fugitive il avait aperçu, pressenti, deviné la souplesse d'un corps jeune et gracieux, fait pour le divin enlacement des caresses. Il avait reconnu la rose à son parfum, la jeune fille à quelque effluve plus subtil et mystérieux encore. L'espoir des voluptés mortes, l'aiguillon des désirs abolis le mordirent en pleine chair, et les battements de son cœur réveillé lui mettant une angoisse dans la poitrine :

— Suis cette femme et sache qui elle est, fit-il à Salem qui prit sa course derrière l'ombre.

Et toujours mélancolique, mais avec un rajeunissement presque douloureux dans l'être, silencieux dans les échos des tambourins et des derboukas, le sultan regagna lentement sa terrasse où s'évaporait le dernier soupir des cinnames et des encens. Un rêve le prit qui abîma ses regards dans les infinis étoilés et les y mouilla comme si leurs astres clignotants y eussent mis une larme.

— Eh bien? fit-il avec une fièvre sourde dans la voix quand Salem revint essoufflé et tirant la langue comme un caniche.

— C'est la fille du cadi Bou-Kelam, éternua-t-il plutôt qu'il ne dit.

— Va chercher le cadi Bou-Kelam à l'heure même.

Salem hocha tristement la tête, ayant l'air de dire que cette nouvelle promenade n'était pas précisément le rafraîchissement dont il avait besoin. Puis il releva sa culotte bouffante au-dessus du genou et se remit en route sous l'œil inquiet et méchant de son maître, qui s'était levé de ses coussins pour s'assurer qu'il courait comme il convient pour un message pressé.

Dans une méditation plus oppressive encore se replongea Abdulaziz, sous les sereines langueurs de la lune.

II

— Ta fille est belle et je te la veux acheter à l'instant, fit le maître très pâle avec un frisson à la bouche.

Très humble, dans sa grassouillette personne et sa ventripotence de cucurbitacé, Bou-Kelam répondit en s'inclinant jusqu'à terre :

— Lumière des Croyants, ma fille est à toi — c'est-à-dire celle de mes filles que tu as sans doute choisie. Car j'en ai trois, les mieux élevées du monde et que je ne pourrais céder que pour un bon prix, étant donnés les sacrifices que j'ai faits pour leur éducation.

Le sultan demeura pensif. Oui. Laquelle des trois filles de Bou-Kelam avait-il aperçue et de laquelle lui était venu tant d'amour ?

— Salem, va chercher à l'instant les trois filles du cadi, fit impérieusement Abdulaziz.

Salem, qui était en train de s'éponger le front, fit une épouvantable grimace, mais vite réprimée, et, remontant encore un peu plus haut son haut-de-chausses, s'envoya à lui-même un petit coup d'éperon au derrière, avec le talon de sa babouche, pour se donner du cœur.

Quand le sultan et le cadi furent seuls :

— Lumière des Croyants, dit Dou-Kolam, mes filles sont trois pierreries vraiment royales, par l'éclat pur et étincelant de leur beauté. Mais la peine que j'ai prise de les sertir, en bon joaillier, en a, comme de diamants bien enchâssés, augmenté encore la valeur. Je ne leur ai pas donné le goût futile des danseuses de ventre. Mais j'ornai leur esprit de tout ce qui peut faire la joie et l'orgueil d'un foyer. J'en ai fait des personnes de ménage qui n'auront de souci que de plaire à leur époux. Sans être pédantes le moins du monde, elles sont savantes de tout ce qui est nécessaire à la bonne tenue d'une maison respectée.

— Tais-toi, vieux bavard ! interrompit brusquement Abdulaziz. Et il reprit son rêve.

Salem revenait un instant après. Une averse véritable coulait sur son visage de bronze et sa toison naturelle, toute scintillante de gouttelettes, en était presque décrespelée.

— Les trois filles du cadi sont là, expira-t-il.

— Qu'elles paraissent l'une après l'autre, fit le sultan dont le regard s'était allumé d'une flamme perverse.

III

Une enfant de douze ans peut-être entra, un corps tout rondelet encore dans sa grâce un peu massive, un visage innocent avec des rougeurs d'églantine sauvage, aux lèvres s'ouvrant sur les toutes petites perles d'un sourire joueur. Une malice inconsciente était dans ses yeux noirs veloutés qui semblaient demander des joujoux ou des sucreries, un air gourmand et mutin qui ne semblait souhaiter qu'une caresse paternelle dans la profondeur soyeuse des cheveux. Femme cependant, sans doute, déjà, comme il en est de toutes celles de ce pays.

— Ma fille Fathma, la plus jeune, fit le cadi avec l'air satisfait d'un dompteur de singes.

Et il ajouta, avec un commandement dans le regard :

— Montre un peu, mon enfant, ce que, malgré ton jeune âge, tu sais faire déjà.

Avec des mouvements fous de papillons qu'on délivre, la jolie créature tira, de son corsage brodé de sequins, une longue aiguille, comme celles qui servent à faire de la tapisserie, et la planta dans un coussin à terre. Puis, prenant soudain, à quelque distance, la pose de la Vénus accroupie, une main ramenée en coquille on ne sait où, elle fit sortir de dessous ses jupes un mince filet d'argent, tout irisé d'arc-en-ciel par les lumières, et qui traversa le trou de l'aiguille, sans qu'une seule goutte de cet arc hydraulique se répandît au dehors.

Le sultan fut enthousiasmé.

— Cadi, fit-il avec solennité, je ne souffrirai jamais qu'une jeune personne ayant un aussi aimable talent de société appartienne à un autre époux que moi-même. Ce sera un renouveau pour les parvis de ce palais que Salem arrose comme un cochon. Fathma est ma femme. Voilà pour toi.

Il jeta une lourde bourse au cadi, qui faillit s'écraser le nez à terre en la ramassant.

— Et maintenant débarrasse-moi de ton encombrante personne.

— Lumière des Croyants, reprit Bou-Kelam, pas avant, s'il vous plaît, que vous n'ayez vu aussi ma seconde fille Aïcha. Car, plus âgée que Fathma, j'ai pu pousser plus loin son éducation et peut-être auriez-vous un regret de ne pas l'avoir également choisie.

Un éclair de curiosité passa dans l'œil d'Abdulaziz et il dit : Soit !

Aïcha entra donc, d'une grâce plus développée et moins en boutons, pleine d'attirances déjà dans sa perfection charnelle. Et le sultan parut anxieux, en effet.

Sur un signe de son père, Aïcha tira de sa ceinture de soie trois pois chiches qu'elle posa sur son poing refermé, à égale distance l'un de l'autre, comme font les joueurs d'osselets. Ces trois boulettes étant bien en équilibre, d'un geste rapide et gracieux elle fit volter une de ses jambes au-dessus de son poing, comme font les danseuses d'Opéra pour faire des ronds. Prout ! un petit bruit zéphyrin marqua le milieu de cette envolée. Vivement elle retira son poing de dessous l'aile encore frémissante des gazes. Le pois chiche du milieu avait été enlevé par le petit coup de vent parfumé et les deux autres étaient restés à leur place, sans même le moindre ébranlement.

— Par Mahomet ! s'écria Abdulaziz charmé, il ne conviendrait pas que j'abandonnasse à un autre une femme possédant un art d'agrément aussi précieux. D'autant que j'ai aussi, au coin de la joue, un pois chiche naturel dont je ne serais pas fâché d'être débarrassé, sans opération, par ce même moyen. J'épouse aussi Aïcha sur l'heure. Tiens, voilà pour toi encore, et fiche-moi le camp. Je suis impatient de rentrer dans ma chambre à coucher.

— Lumière des Croyants, fit le cadi, en relevant une seconde bourse et l'enfouissant dans sa large sous-ventrière, que ne voyez-vous encore ma troisième fille Missaouda ! J'ai idée qu'elle vous plairait plus encore que ses deux sœurs, car celle-là est arrivée à la perfection de son éducation, au dilettantisme des choses que je lui ai enseignées, et j'ose dire qu'elle surpasse, par la délicatesse d'exécution de ses travaux, Fathma et Aïcha.

— Eh bien ! qu'elle entre ! fit le sultan, en se pourléchant les babouines comme si un peu de crème y fût restée.

IV

Missaouda était un fruit plutôt qu'une fleur, un beau fruit savoureux, en maturité naissante, fait aussi bien pour les gourmets que pour les gourmands. Un commencement d'embonpoint lui donnait un charme nonchalant tout à fait sensuel et exquis. Ses yeux et son sourire étaient comme chargés de volupté.

— A ton tour, Missaouda, fit le cadi avec une fausse humilité.

Missaouda, d'un geste lent et arrondi, entr'ouvrit sa robe et appliqua très exactement à sa chair la gaze transparente de sa chemise, si bien qu'on l'eût pu croire parfaitement nue. Elle se coucha sur le dos et tendit encore la mince étoffe sur son ventre, avant de poser, au milieu, dans la fleur de nénuphar dont la reine Omphale portait le nom et que les prosateurs appellent : nombril, une noisette qui s'y inséra tout entière entre deux lèvres satinées.

L'émotion du sultan était à son comble.

D'un coup violent frappé par elle-même, à plat, un peu au-dessus du joli terrier de la noisette, Missaouda fit sauter verticalement celle-ci jusqu'au plafond. Et, pendant son ascension, se retournant brusquement à plat ventre, les jupes en l'air, la reçut entre les deux joues postérieures qu'elle développait dans leur jumelle splendeur ! Le tour fut exécuté avec une précision qu'eût enviée Charles IX, le grand joueur de bilboquet. Crac! la noisette était brisée, Missaouda déjà debout, et en tendant l'amande à Abdulaziz qui la porta vivement à ses lèvres.

— Cadi! ce trésor m'appartient! s'écria le sultan. Moi qui ai les dents mauvaises! J'épouse encore Missaouda. Tiens, voilà pour toi.

Le cadi s'était incliné déjà pour ramasser une troisième bourse, mais ce fut un énorme coup de pied au derrière qu'il empocha.

— Va-t'en, père sans honneur, lui dit Abdulaziz. Maintenant que tu n'as plus rien, je me fiche de toi, et je te fais empaler si tu réclames.

. . . .

Huit jours après, le sultan Abdulaziz était trouvé mort dans son lit. Mais il avait encore aux lèvres le sourire d'un vivant qui s'est rudement amusé. Sur le tapis somptueux de sa chambre, de longues aiguilles étaient piquées, couraient des pois chiches et des débris de noisettes craquaient sous les pas des fidèles venant contempler, pour la dernière fois, la Lumière des Croyants.

SAINT PITOINE

SAINT PITOINE

I

Je n'ai pas l'horreur des superstitions populaires, estimant que ces idolâtries ont fourni à l'Art les thèmes les plus merveilleux, et, non plus, je ne raille jamais les simples, ayant remarqué que les gens de grand esprit ne s'en distinguaient que par d'autres faiblesses. Très volontiers même j'accepte les légendes miraculeuses, me disant que le surnaturel n'a peut-être fait que changer de forme en devenant le magnétisme scientifique d'aujourd'hui. N'espérez donc pas me faire avouer que la puissance attribuée à saint Pitoine, à plus de vingt lieues à la ronde autour de mon Tarascon, fut une fable. J'ai eu de grands parents qui croyaient encore très fort à sa dévotion. Apprenez donc sans rire que la statue, plus grande que nature, de cet évêque des premiers temps du christianisme, laissait passer, des plis tombants de ses habits sacerdotaux, un doigt, l'index, où les profanes de la Révolution avaient volé un lourd anneau d'or et qu'il suffisait aux jeunes filles près de se marier et innocentes encore de le venir baiser pour apprendre les secrets des nouveaux devoirs prochains et devenir ensuite d'heureuses mères. L'image était au fond d'une petite grotte, non loin des cavernes sacrées de Notre-Dame-de-Sabar, dressée sur un autel vermoulu et s'effritant en poussière rose sous les morsures innombrables des mousses. Le saint, lui-même, qui avait été sculpté en bois dur par un artiste croyant du moyen âge, s'était intérieurement effondré sous la piqûre des vers et n'avait plus juste que la consistance nécessaire pour soutenir encore sa mitre et sa chape, retombant sur une chasuble usée. Car, dans ce pays très voisin de l'Espagne, l'usage était aussi d'habiller pour de bon, avec de véritables étoffes, les images saintes. Ainsi ai-je vu, à Hernani, déshabiller la Vierge, le lendemain de l'Assomption, et lui remettre ses habits de tous les jours. Même que la petite Vierge, un peu coquette sans doute, paraissait très fâchée qu'on lui retirât sa belle toilette, et eût certainement pleuré sans la crainte que le méchant sacristain, qui la traitait ainsi en poupée, lui fichât le fouet.

Mais, pour le pauvre saint Pitoine, on ne prenait même pas cette peine. La vie est dure aux saints miraculeux depuis que Lourdes a absorbé toutes les dévotions et installé une officine de guérisons dans un des plus beaux paysages du monde où l'on parvient par les plus confortables moyens de communication. C'est toujours l'histoire des grands magasins empêchant de vivre les petites boutiques. Dans aucune industrie l'exemple n'est plus sensible. Ils sont là maintenant, dans le Midi, un tas de bienheureux loqueteux, jadis très achalandés et qui n'ont plus que des mendiants pour clientèle. Saint Pitoine était de ceux-là, et on ne l'honorait plus que dans quelques rares familles où la mode était moins puissante que la tradition. Cela lui valait bien encore pour quatre sous d'encens et de bouquets par an, outre l'entretien d'une méchante veilleuse, éteinte encore les trois quarts du temps.

Ce n'est pas que les abords de sa grotte fussent complètement délaissés. Les amoureux les connaissaient à merveille et aussi l'antichambre verdoyante de la chapelle, une façon de salle naturelle, ou bien taillée dans le roc; autrefois, par l'épée du grand Roland, peut-être, aux murailles tapissées de verdures sauvages, avec le cristal irisé des stalactites s'éplorant au plafond et, aux pieds, dans un sable très fin et pailleté d'or, un petit ruisseau d'eau très claire semblant inviter Daphnis à y venir baigner le pied de Chloé endolori par une épine. Car cet antre délicieux avait comme une saveur païenne au seuil du petit temple chrétien. Comme dans l'histoire des âges, on arrivait à l'austérité monacale par le chemin fleuri des oaristis où l'humanité eût bien mieux fait de demeurer en route. L'âme du géant Polyphème clamant ses belles plaintes syracusaines que Théocrite a faites immortelles habitait encore ce vestibule des civilisations ascétiques et moroses. Et les amants, bien insoucieux du saint qui se morfondait un peu plus loin dans sa niche mal éclairée, adoraient ce mystérieux réduit où la lumière du jour, très tamisée, était comme une ombre lumineuse, où les flammes extérieures de la canicule méridienne n'étaient plus qu'une tiédeur douce comme celle d'une serre, où les parfums de plantes inconnues passaient vaguement grisants. Les galants y emmenaient leurs belles loin des maris, d'autant que cette proxénète caverne avait deux issues ouvrant sur deux flancs différents de la colline, assise au bord fleurissant de l'Ariège, comme une vieille dame qui s'est endormie, un peu de chevelure enneigée au front.

II

Vous ne serez donc pas surpris que le capitaine Bistouille, de la garnison de Pamiers, s'y fût installé, par une belle après-midi, en compagnie de dame Campanille, dont le mari tenait une petite hôtellerie entre Ussat et Ornolach. Une belle personne, la dame Campanille, comme elles ne sont pas rares dans nos pays pyrénéens, avec des chevelures où l'on semble avoir écrasé des airelles, et un joli point de braise toujours ardente dans les yeux, des bouches où le poutoun fleurit, des corsages et des jupes consciencieusement remplis. Et loyales, avec cela! et franches! Aussi celle-là faisait croire à son mari qu'elle allait acheter, pendant ce temps-là, des bagatelles à Tarascon; et comme le capitaine ne manquait jamais de lui en donner, elle en revenait à la maison les mains pleines; et, comme son époux était un imbécile, il n'avait garde d'oublier de lui en rendre le prix.

Cependant ledit Campanille était sombre depuis quelques jours, et sa femme avait dit à Bistouille, en arrivant, qu'elle avait grand'peur qu'il ne se doutât de quelque chose. Mais Bistouille, qui était brave comme son épée, la rassura par d'excellentes raisons. Après quoi, comme il aimait ses aises, il retira sa tunique et sa culotte, après s'être assuré, par un regard prolongé sur la longue route, qu'on ne les viendrait pas déranger de longtemps.

O jeunes gens qui cherchez de lascives descriptions dans mes chastes récits, jetez, sans aller plus loin, cette page au vent qui l'emporte! Je ne suis pas un corrupteur de l'adolescence curieuse et vous n'avez aucun besoin de savoir, par le menu, ce que firent le capitaine Bistouille et madame Campanille quand le premier eut accroché à une pierre saillante son haut-de-chausses et celle-ci laissé choir, à ses pieds, sur le sable d'or fin, le poids inutile et moite de ses jupes.

Ruez-vous plutôt en psychologie, jeunes disciples, chers *alumni*, comme c'est la mode maintenant, plutôt que de rigoler avec de belles gauloiseries, et apprenez de moi que ce capitaine Bistouille était jeté dans les bras de madame Campanille, non par un élan, mais par un chagrin d'amour. Dans sa garnison de Pamiers, où l'admirable vue du Castelat n'est qu'une insuffisante distraction, il s'était alors très sérieusement et imprudemment épris de mademoiselle Pauline Minage, et avait demandé sa main à ses parents. Mais, bien que peu aisés, les Minage ne voulaient pas donner leur fille à un militaire. Pauline était une telle fleur d'innocence qu'on ne voulait confier qu'à des mains très pures, presque vierges aussi, le soin charmant de l'effeuiller. Le fait est que jamais candeur pareille n'avait posé, sur un front plus chaste, des lis toujours prêts à devenir des roses. Ses beaux cils d'or, toujours baissés, enveloppaient son regard comme de l'ombre d'un tabernacle; l'exquise pudeur de son sourire était comme un défi au baiser et sur ses épaules son fichu se fermait avec l'inflexion d'ailes qui frémit à celles des anges. D'un pas de vestale elle marchait, ne laissant filtrer aucune lueur de la lampe sacrée qu'éteint le premier souffle de l'amour. Bistouille, qui n'était au fond qu'un noceur repentant, avait, plus que tout autre, subi ce charme où Faust eût aimé retremper sa jeunesse. Le capitaine, lui aussi, rêvait je ne sais quel rajeunissement de l'âme dans cette source d'eau limpide où s'abîmait le ciel dans des profondeurs transparentes et azurées, mystique fontaine dont la perle de Cléopâtre n'avait jamais souillé le cristal. Mais les Minage l'avaient vivement remercié de ses bonnes intentions tout en le mettant à la porte ; et, à son nez, à la barbe que lui permettaient les nouvelles tolérances militaires, ils avaient flanqué l'immaculée Pauline au jeune Misapou qui avait fait ses études aux Jésuites et allait être nommé substitut.

Et voilà comment, par un désespoir de sa tendresse méprisée, le capitaine Bistouille avait fait une diversion stratégique, un mouvement tournant du côté de madame Campanille, et tâchait d'oublier, en compagnie de cette dame et dans la grotte de saint Pitoine — ou, tout au moins, à l'entrée — la séraphique image qui lui souriait encore au seuil de l'Eden interdit.

III

— Ah ! mon Dieu ! fit tout à coup madame Campanille.

Et elle ajouta, en pâlissant affreusement :

— Je vous l'avais bien dit qu'il s'en doutait !

Par une façon de lucarne dessinée par les caprices mêmes du rocher, elle avait aperçu son mari qui se dirigeait vers la grotte, d'un pas ferme et soucieux tout ensemble.

— Sortez vite et allez au-devant de lui, dit tout bas Bistouille qui avait de l'expérience. Vous lui conterez que vous venez de dire, en revenant de

Tarascon, un rosaire pour lui. Donnez-lui cette pipe neuve, en lui faisant croire que vous l'avez achetée pour lui, à la ville. Adiou! moi, je me sauve par la chapelle!

Et tandis qu'à peine rajustée dans ses jupes rapidement ramassées, madame Campanille, vivement inquiète, lui obéissait, le capitaine mettait sous son bras tunique et culotte, et plongeait dans l'anfractuosité, infiniment plus obscure, où le mélancolique saint Pitoine avait son autel. La veilleuse achevait de s'éteindre en grésillant, dans une agonie fumeuse. Le capitaine, bien que brave, pâlit à son tour, car il entendit distinctement des pas qui venaient de l'autre côté et des voix qui se rapprochaient. Campanille aurait-il dressé une souricière et fait entrer des témoins par l'autre issue? Il conçut les terreurs du lapin dans son terrier, entre le travail souterrain du furet et l'attente meurtrière du chasseur. Où se cacher? Il passa rapidement derrière l'autel, mais il vit que, dans cette clarté mourante par intermittence seulement, il dessinait une ombre fantastique et grimaçante sur le mur. S'il pouvait se glisser sous les habits sacerdotaux du saint! En étendant la main, il constata, en effet, qu'il y avait un vide presque complet dans les étoffes. Les pas et les voix sonnaient plus clairs et plus distincts. Abandonnant ses propres effets dans l'ombre, il grimpa sur le socle de l'image et s'insinua dans la large cavité que le bois pourri ouvrait devant. Un peu de cette écorce qu'il allait habiter, et en particulier le doigt du saint, tomba encore à l'ébranlement qu'il lui donna, si bien qu'il se trouva presque absolument tout nu, sa chemise s'étant déchirée dans l'ascension, sous la chape et la chasuble, crevées de tous côtés, du bienheureux saint Pitoine. Il était temps!

La mèche de la veilleuse ayant aspiré quelques gouttes d'huile stagnantes encore au fond du godet, la clarté se réveilla et permit au capitaine d'entrevoir les nouveaux venus. Ce n'était point le commissaire et son chien, comme il l'avait redouté; mais quelle surprise l'attendait! Mademoiselle Pauline Minage, venant de Pamiers, et suivie de sa famille, pour faire, quelques jours avant son mariage avec le futur substitut Misapou, ses dévotions à saint Pitoine! Il était troublé jusqu'aux moelles et enrageait tout ensemble. Toutes ces bonnes gens, vraiment pieux, s'agenouillèrent et mademoiselle Pauline, les yeux plus baissés que jamais, s'avança pour baiser, suivant la coutume, le doigt du saint, dans l'obscurité croissante, les mains tendues devant elle pour rencontrer l'objet sacré avant de le porter à ses lèvres. Bistouille, qui était un honnête homme, frémit à l'idée de ce qu'elle allait saisir à la place et, brusquement, se retourna sous les habits du bienheureux...

Un instant après, il entendit mademoiselle Pauline qui, pleurant de joie et se jetant dans les bras de madame Minage, disait :

— O ma mère! ô mes sœurs! quelle faveur m'a faite ce grand saint! Au moment où j'allais lui baiser le doigt, il s'est doucement penché vers moi et m'a donné ses deux joues!

— C'est que vous serez deux fois heureuse en

ménage, ma fille! dit patriarcalement le père Minago, grâce à l'intervention du bienheureux saint Pitoine.

Et, de fait, madame Misapou eut, dix mois après, deux jumeaux.

CAS DIFFICILE

CAS DIFFICILE

I

J'ai laissé ouvrir la chasse, pour la première fois peut-être, sans consacrer aux courageux fils de saint Hubert leur légende accoutumée, plaisante autant que je puis, respectueuse autant que je dois. Car mon admiration est aussi sincère que dénuée d'amour-propre pour ces intrépides pourvoyeurs de la broche et de la cocote. J'entends ceux qui poursuivent encore le perdreau toujours plus rare et le lièvre de plus en plus préhistorique dans la loyauté ensoleillée des plaines grandes ouvertes et des taillis égratignant le visage. A eux seuls nous devons de manger encore quelquefois des volailles non élevées en chambre et de ne pas être toujours condamnés à d'insipides léporides venus des pays du nord dans des caisses de glace, méprisable victuaille s'il en fut et dont Paris est empoisonné autant que de l'eau de la Seine. Le lièvre allemand ! horreur ! Autant l'Allemand lui-même.

Au chasseur traditionnel qui piétine tout le jour dans les sillons hérissés et pareils à des brosses, son fusil en travers du corps et suivant d'un œil oblique son chien, dont le panache bat les hautes fougères, façon de touriste armé à qui revient l'honneur des derniers civets honorables et des derniers salmis dignes de louange, je rends volontiers hommage, je pardonne ses mensonges, et je concède même que, suivant son idéal belliqueux, la chasse est demeurée l'image parfaite de la guerre. Il suffit d'imaginer les lièvres et les perdreaux pourvus d'armes à répétition pour que la comparaison soit frappante. Le renard est déjà sur la voie. Car, s'il faut en croire les racontars des paysans, il joue quelquefois au nez des chiens d'une poudre sans fumée qui les met immédiatement en déroute. Tout le monde connaît le champignon appelé « vesse de loup » et qui n'est peut-être qu'une façon de petit obus inventé par l'ennemi naturel du mouton et des petits Chaperons rouges.

Cette histoire est donc une dette que je paie aux héroïques défenseurs de la cuisine nationale, laquelle comportait toujours le gibier parmi les mets de haulte gresse qu'on arrose de vins joyeux et dont l'âme odorante s'envole parmi les propos anacréontiques des buveurs; nourriture apéritive en amour, s'il en faut croire la médecine des bonnes gens qui la recommandent aux mélancoliques galants; chair deux fois admirable pour ce qu'elle régale le palais et ranime aux lèvres la flamme mourante du baiser.

II

Le vieux marquis de Saint-Troufignon avait été un grand chasseur devant l'Éternel et renommé dans toute sa méridionale contrée, le long de l'Ariège qui mettait un ruban d'argent tumultueux autour de ses vastes terres boisées par places, ailleurs s'échelonnant en mamelons violacés de plantes agrestes, et que caressait de lumières roses le soleil couchant. Il avait renoncé, pour lui-même, à ce noble exercice, mais ne s'en intéressait pas moins au développement du gibier dans ses propriétés. Sur plusieurs points, celles-ci étaient vraiment infestées de lapins. Car vous savez que cette prolifique bête, à qui le savant Brown-Séquard est en train de demander son secret, détruit infiniment autour d'elle. Le lapin ne se contente pas, comme beaucoup de nos pareils, d'engendrer. Il s'occupe ensuite de nourrir sa progéniture. Sans doute jouit-il depuis longtemps déjà des bienfaits de la recherche de la paternité. Toujours est-il qu'il est souvent nuisible aux cultures. M. de Saint-Troufignon était donc plein d'indulgence pour ceux des braconniers qui s'adressaient exclusivement à ses lapins. Mais, pour ceux qui osaient convoiter ses perdreaux, voire ses cailles, il était impitoyable. Quand son fidèle garde, le père Culdesac, lui en amenait quelqu'un par l'oreille, l'interrogatoire sommaire se faisait en deux mots impérativement prononcés par le marquis :

— Gibier de poil ou gibier de plume ?

Le père Culdesac déposait selon sa conscience et le contenu de la carnassière du délinquant. Le bourreau du gibier de poil était rendu à ses foyers avec d'ironiques compliments. Mais l'autre était l'objet d'un procès-verbal terrible, aggravé de circonstances qui en faisaient une espèce d'assassin. Il avait, à la suite d'un jugement dont les relations du gentilhomme dans la magistrature assise augmentaient la rigueur, il avait l'amende et la prison tout ensemble, cette horrible prison de Foix, dont les féodales oubliettes recevaient, il y a peu d'années encore, les condamnés à mort. Et les dommages et intérêts, donc ! L'huissier Lependu, la terreur du pays, n'avait guère d'autre occupation que de faire rentrer l'argent ainsi attribué par la loi à M. de Saint-Troufignon ! Il fallait voir cette sale bête, dont le museau rouge donnait envie d'y allumer sa pipe, tressauter sur sa jambe boiteuse et secouer son ventre mal rempli, quand il apportait, triomphant, au château, son sac à protêts infiniment mieux fourni.

C'est précisément ce que faisait, ce jour-là, l'huissier Lependu, longeant de son pas claudicant une haie épaisse dans le beau paysage qu'il déshonorait et où, dans un coin de nature infiniment plus mystérieux, la charmante Bernadette attendait l'aimable Babolinet.

III

Qui ça, la charmante Bernadette et l'aimable Babolinet? C'est, en effet, une confidence que je vous dois encore pour la clarté de ce récit.

Bernadette était la fille du père Culdesac, le garde fidèle. Il eût été difficile d'imaginer rien de plus charmant que cette jeune paysanne roucoulant le patois avec la grâce de Magali elle-même. Car sa voix avait pris, à la musique frémissante des torrents, je ne sais quelles notes de cristal et d'argent dont l'oreille était tout d'abord charmée. Mais les yeux avaient leur compte aussi dans le détail de cet être séduisant : d'admirables cheveux noirs rappelant le vers virgilien :

Majoresque cadunt altis de montibus umbræ...

ce joli regard, comme retourné sur soi-même, pareil à une flèche qui ricoche, particulier aux filles des montagnes dont la vue est sans cesse arrêtée par cette barricade dressée sur l'horizon; une bouche semblaut une mûre sauvage où l'aile d'un papillon blanc a laissé la nacre poudreuse de son pollen; une chair mate avec des reflets ambrés comme en met aux revers des vallons le soleil d'automne. Et j'oserai dire qu'après avoir enchanté l'ouïe et la vue, il lui restait de quoi réjouir plus sérieusement encore le toucher ; des formes rondes et bien remplies, harmonieusement pondérées, des reliefs infiniment tentateurs pour tous les caprices respectueux de la main.

Aussi Babolinet — monsieur Babolinet de Saint-Galmier, s'il vous plaît, venu à Ussat pour y passer les vacances de l'École de droit, en compagnie d'une vieille cousine qui prenait d'inoffensives eaux dans cette riante vallée, laquelle est comme un faubourg de Tarascon, — le mien, celui que Paul Arène lui-même m'a fait l'insigne honneur de comparer à son Sisteron — monsieur Babolinet de Saint-Galmier, dis-je, était devenu amoureux fou de Bernadette pour l'avoir seulement aperçue cueillant des asphodèles aux environs de la grotte de Sabar, objet de dévotion locale, dont le succès de Lourdes a détrôné les superstitieuses splendeurs.

Et Bernadette le trouvait charmant et causait avec lui volontiers, sous les platanes, tout en regardant un peu derrière elle si son bourru de père ne venait pas. Le jour dont je parle, les choses en étaient venues, entre eux, à ce point que cette fille sage encore l'attendait auprès d'une fontaine ombreuse où elle lui avait promis un baiser, dans un des coins de bois les plus touffus, faisant partie de la propriété du marquis de Saint-Troufignon. Pour expliquer sa présence dans le bien seigneurial, elle lui avait bien recommandé de se donner l'air d'un chasseur et d'avoir un fusil sous le bras. « Au besoin vous tirerez, lui avait-elle dit, et vous direz ensuite que c'était sur un lapin. »

Il pouvait être cinq heures du soir, après une belle journée de septembre. C'était comme un océan d'or fluide à l'horizon et les feuillages, sur ce fond somptueux, se détachaient comme de mystérieux hiéroglyphes, en noir. Une mélancolie qui flottait dans l'air donnait la fantaisie d'y lire le secret des destinées. Tout y souriait pour les yeux impatients de Babolinet.

Et, tandis qu'il cheminait, par les fourrés, dans l'appareil cynégétique prescrit, Bernadette était toute frémissante au bord de l'eau qui lui conseillait les plus délicieuses lâchetés, avec son murmure doucement amoureux et corrupteur. Et sous un souffle léger les roseaux, se balançant, achevaient de la convaincre et de la résigner à la défaite. Prise d'une langueur inconnue, elle s'était assise tout au bord sur une large pierre veloutée de mousse et, la jupe légèrement relevée au-dessus des genoux, dressés très haut, elle rêvait, ne se doutant guère de la partie d'elle-même que reflétait fidèlement le cristal de la fontaine où le vol des libellules semblait mettre, à cette voluptueuse image, des baisers. Toutes les impatiences de la chute étaient dans son beau corps virginal où tout s'ouvrait comme une floraison de corolles à la fraîcheur délicieuse des rosées.

Pan ! Pan ! Deux coups de feu, à cinquante mètres peut-être. Elle poussa un petit cri et se releva vivement. Car elle avait senti une piqûre très vive. Un maudit grain de plomb, tout petit heureusement, s'était venu loger dans l'entre-bâillement de sa jupe. Tel s'enfonce dans l'obscurité d'un fourré le vol presque imperceptible d'un roitelet.

En même temps retentissait derrière la haie, dont le sentier le plus voisin était bordé, un mugissement épouvantable.

IV

Ce qui s'était passé peut se conter en deux mots. Comme il approchait du lieu du rendez-vous, prodigieusement ému et tremblant aussi, avec un cœur d'écolier lui tictaquant dans la poitrine et des paroles confuses d'amour lui brûlant les lèvres, Babolinet avait tout à coup aperçu l'ombre du père Culdesac qui, menaçante, se dirigeait vers lui. Faire immédiatement le chasseur! Il n'avait pas oublié la consigne. Il envoya deux coups de feu au hasard, l'un un peu plus haut, l'autre un peu plus bas, désespérément, sans savoir ce qu'il faisait. Du premier il cribla le sale museau de l'huissier Lependu qui, comme je l'ai dit, se rendait au château, un quintal de papier timbré dans sa gibecière. L'autre coup, Dieu merci, s'éparpilla, mais non pas sans qu'un seul de ses grains de plomb eût été spirituellement se nicher où vous savez, en pleine Bernadette.

Au même instant, la main du garde, une main de plomb qui eût broyé une épaule, rien qu'en tombant de plus haut, s'abattit sur la sienne.

— Au château, mon gaillard, au château! fit la voix farouche du père Culdesac. Et nous allons rire.

Inconscient cependant de son double crime, Babolinet sentit ses jambes d'adolescent se dérober sous lui. Mais le garde le traîna sans y prendre garde, et le château, masqué par d'épaisses frondaisons, n'était pas loin.

Sur le perron, M. le marquis de Saint-Trouflgnon, assis dans un large fauteuil, faisait seul une patience sur une petite table qui prit tout à coup, pour le regard interdit de Babolinet, la majesté d'un de ces buffets derrière lesquels les magistrats se posent pour rendre la justice et qui contiennent, en matière de friandises, des mois de prison et des francs d'amende. Le vieux gentilhomme, habitué à ces sortes de comparutions, souleva à peine, de ses cartes étalées devant lui, ses yeux clignotants sous leurs longs cils gris.

— Gibier de poil ou gibier de plume? demanda-t-il, suivant la formule consacrée.

— Nous allons voir, fit le père Culdesac d'un ton menaçant. Je n'ai pas encore fouillé le délinquant.

Mais il ne trouva rien dans la carnassière vide de Babolinet.

— Avez-vous vu, Culdesac, à quelle hauteur tirait le drôle?

— Non! fit le garde vexé. Mais il devait tirer en haut.

Hi! hi! hi! Un gémissement sourd troubla l'enquête. C'était maître Lependu, le visage bouffi et sanglant mal enveloppé dans un mouchoir qu'il tenait en geignant. M. de Saint-Troufignon, ému de pitié, lui dit avec douceur :

— Comment ! c'est vous, mon cher Lependu, qui étiez le gibier ?

Et comme il avait l'humeur gaie, ayant à peu près réussi sa patience, il ajouta en riant :

— L'huissier est un gibier de plume certainement.

— D'abord, monsieur le marquis, poursuivit le rancuneux Culdesac. De plus, ce n'est pas en tirant un lapin qu'on attrape un monsieur dans la figure. Le misérable visait certainement un perdreau.

— Je jure que non ! murmura Babolinet, sentant enfin la nécessité de se défendre.

Mais Dieu lui gardait une avocate imprévue, la douce Bernadette qui, ayant entendu un peu de tout ce vacarme, et inquiète pour son Babolinet, venait là comme guidée par la Providence.

— Il nous faudrait un témoin ! fit le marquis qui était un homme consciencieux et juste.

— Hi ! hi ! hi ! continuait à gémir Lependu.

— Vous nous assourdissez, mon cher Lependu, lui dit le marquis plus sèchement, et nous empêchez de rendre la justice. Or, je la veux terrible et complète. Une gueule d'huissier ça se raccommode et ça se retrouve. Mais un vrai perdreau est infiniment plus rare et plus précieux. Mon Dieu, que je voudrais donc trouver un témoin !

— Voici ma fille, fit vivement le garde. Elle était dans le bois et a tout vu sans doute. Parle, mon enfant. Ce vilain monsieur tirait-il sur du gibier à poil ou sur du gibier à plume ?

Avec un délicieux petit sanglot de douleur contenue dans la voix, elle répondit :

— Oh! sur un gibier à poil, monsieur le marquis! Je vous le jure!

Et l'aimable Babolinet fut sauvé. Il fut même complimenté et dîna au château. Il eût mieux aimé coucher dans la petite chambre de Bernadette. Mais ce n'était que plaisir retardé.

BONIFACE

BONIFACE

I

Le doux Fléchier écrivit un livre auquel l'admiration de Sainte-Beuve rendit quelque célébrité : *les Grands jours d'Auvergne.* Moi, c'est : *les Beaux jours d'Auvergne* que je voudrais écrire ! Tandis que les premiers n'ont eu, dans l'histoire, que la durée d'un procès, les seconds se reproduisent avec une périodicité annuelle. Je veux parler, en effet, de la saison où l'Allobroge, humilié par la caricature et vilipendé par le vaudeville, prend, nouveau Vercingétorix, sa revanche, non pas contre César, mais contre les Parisiens. Car, à peine les premiers frimas ont-ils poudré nos monuments, à la française, que ce féroce enfant d'un de nos plus beaux paysages provinciaux devient notre plus implacable ennemi.

Je ne dis pas cela, au moins, pour le marchand de marrons, innocent tortionnaire d'un farineux dont j'aime trop la chair pour le plaindre. *Castaneæ molles* que j'aime comme les aimait Virgile, le petit point rouge de braise que fait votre bûcher, dans l'ombre brumeuse des carrefours hibernaux, me réjouit infiniment au contraire. Si le nombril est, comme je l'ai toujours pensé, l'œil mystérieux des concupiscences gastronomiques, le mien doit flamboyer aussi, sous mon caleçon, quand je vous aperçois, et, n'était ma naturelle pudeur, j'y pourrais faire allumer des cigares à mes contemporains. D'ailleurs votre crépitante agonie a l'air d'un susurrement de rires sournois. Vous ficheriez-vous de nous, dans la poêle, facétieux marrons, pensant aux belles coliques que vous embarquez dans nos flancs sur les flots perfides du vin clairet que vous réclamez toujours pour vos funérailles ? Pour votre goût savoureux d'abord, puis pour cette intempestive et posthume gaieté qu'il convient de réprimer, je n'ai pour votre bourreau que de sympathiques sentiments, surtout quand il vous rissole en conscience et vous fait craquantes comme des noisettes, sous les dents.

Mais ce n'est pas vous seuls, Auvergnats débonnaires, que ramène l'*atra hiems* maudit de tout le monde.

Excepté des pervers et des marchands de bois,

comme l'a dit un poète. Le cléricalisme a fait son temps. Maintenant c'est le marchand de bois qui est l'ennemi, le charbonnier du coin, natif de Chaint-Flour, faux nègre qui vend à faux poids, avec ses dents blanches de toute la noirceur de son visage et l'épanouissement de sa bouche dans une barbe hirsute où son rire passe comme une cravate blanche dans la rugueuse pelure d'un hérisson. Toujours joyeux, bougri ! parce qu'on l'entendrait voler — tant il y met d'ostentation ! — dans le plus religieux silence. Et les curés nous vantent « la foi du charbonnier ! » Eh bien ! je vous jure que ce n'est pas la bonne ! Ce gros bonhomme en réglisse qui s'autorise d'une seule poule agonisante à sa croisée dans une épinette, pour annoncer qu'il vend des œufs du jour, est renommé pour sa malhonnêteté, même parmi les autres négociants. L'épicier le jalouse et le pharmacien se venge en lui vendant, comme aux autres, vingt sous ce qui ne lui en coûte pas un. Le charbonnier inquiète même les hommes de finances. Il donne des remords au boursier.

Il y a une vingtaine d'années (ô mes vingt ans, quelle belle pretantaine vous courez !) le père Boniface était arrivé à se faire une réputation dans ce monde de prévaricateurs. Ses collègues se le montraient avec une admiration envieuse. Il n'en était pas moins adoré, dans le quartier, pour son humeur joviale et sa franchise postérieure. Car, quand il se faisait pincer, il ne prenait même pas la peine de nier, mais se contentait de rire, à pleines canines, comme d'une bonne farce qu'il avait faite. C'était un rougeaud sous son fard de suie avec de bons yeux un peu mouillés d'ivrogne. Une personnalité absolument sympathique, en un mot, et qu'on eût frémi à l'idée d'envoyer en correctionnelle, comme elle le méritait une vingtaine de fois par jour. Tenez, moi, il m'avait attaché d'un mot où éclatait sa connaissance approfondie du cœur humain. Etant son voisin, rue Jacob, la première fois que je lui avais acheté un cent de bois, j'avais assisté à la pesée et au chargement, avec toutes les défiances d'un indigent. Puis la paresse m'était venue et j'avais procédé par commander à distance. Le second cent pouvait bien peser soixante, le troisième quarante, le quatrième vingt-cinq, Boniface arrivait, dans ma cuisine d'étudiant, de plus en plus joyeux sous son crochet de moins en moins lourd et touchait, avec un orgueil croissant, un salaire de moins en moins mérité. Pour la cinquième livraison, il se contenta de m'apporter trois petites bûches sous son bras. Alors la moutarde me monta au nez.

— Vous êtes un voleur, lui criai-je avec indignation.

Et comme il me regardait avec un bon rire étonné :

— Vous osez dire, continuai-je, hors de moi, qu'il y a là un cent de bois !

— Je ne dis pas chela, répondit-il du ton le plus

calme du monde, avec un redoublement de pourpre aux lèvres.

Puis, avec un air gracieux que je n'oublierai jamais :

— Avec un cheul trait de plume, vous javez chi vite réparé cha!

Et j'étais alors payé trois sous la ligne! Cette délicate flatterie me toucha en plein cœur, et je pardonnai.

II

C'était la première fois qu'elle avait consenti à venir chez moi, depuis si longtemps que je la suivais! Je l'aimais infiniment pour ce qu'elle n'avait pas argué de sa vertu pour ne me pas céder plus tôt. Bien que sensible à la flatterie d'un fournisseur, on peut n'être pas assez fat pour s'imaginer qu'une femme vous a attendu pour perdre son pucelage ou faire cocu son mari. On est rarement le Messie d'une virginité lasse ou d'une fidélité résolue à abdiquer. Elle me disait qu'elle attendrait pour venir coucher avec moi que cela lui fût agréable à elle-même et je trouve cela le plus sage du monde. Au moins sait-on qu'on ne violente ni une conscience ni un dégoût. Et puis, quel prix prend ce consentement suspendu à cette réalisation du plus divin des rêves! Un *oui*, comme celui-là, en vaut bien cent de ceux qu'on extirpe aux mairies. Vivent les amours ainsi librement consentantes et dont nulle hypocrisie ne prépare, par avance, les trahisons! On s'avoue sa tendresse mutuelle à bouche que veux-tu, et on se la prouve à tout ce que tu voudras ensuite ! Les voilà donc, les jolis nénés qu'on est sûr de ne plus offenser en les caressant, et les effarouchements apparents de ce noble derrière ne sont qu'un frisson de plaisir. O belles lèvres moites et savoureuses, vous ne mentez pas dans le baiser ! O gloire de vous avoir conquise, floraison de plaisirs caressée en boutons et si impatiemment attendue !

Il faisait un froid de chien, humide, pénétrant dans l'air, glissant sur le pavé, avec de petites coupures de givre au visage. Et, ne prévoyant pas mon bonheur, je n'avais pas de feu chez moi. Je me rappelais même fort bien qu'il n'y avait pas de quoi en faire. Quittant donc un instant le bras de l'adorée, je me présentai dans la boutique de M. Boniface. Elle était vide et sombre, mais à la clarté que tamisait un rideau à carreaux rouges sur la porte vitrée du fond, je jugeai que le ménage était là — car le vertueux Boniface était marié et les Auvergnates ne sont pas de vilaines filles — et je cognai.

— Qu'est-che que ch'est ? fit la voix du marchand.

— Montez-moi un cent de bois tout de suite, tout de suite, lui répondis-je ; et je lui rappelai mon nom et mon adresse, au cas improbable où il n'aurait pas reconnu ma voix.

— Tout de chuite ! fit-il, et je rejoignis, sur le trottoir miroitant sous les premiers becs de gaz, celle que j'aimais et qui se pelotonnait dans son mantelet ourlé de fourrure, comme une caille frileuse. Je crus mourir de joie en sentant sa petite main tiède, sous le velouté du gant de Suède, se reposer sur mon bras. Un instant après nous entrions dans ma chambre.

— Comme il fait froid ! dit-elle.

III

Jamais pareille impatience ne m'avait mis aux moelles un tel frisson amoureux. Il me semblait que toute minute d'attente était volée à mon bonheur. Elle-même semblait, tout en me consolant de n'avoir rien prévu, aussi désappointée que moi de ce retard. Sans retirer son mantelet, elle s'était accotée au lit et, tout doucement, à genoux devant elle, je délaçai ses bottines pour qu'aucun moment ne fût perdu et je réchauffai de baisers ses petits pieds à demi déchaussés. Pendant ce temps-là, Boniface monterait. Sans qu'elle se défendît sottement, toujours sous le vêtement de dessus, je déliai le lacet de ses jupons et commençai à dégrafer son corset, la main toute frémissante de la tiédeur embaumée de son corps et du toucher satiné de sa peau. Je devenais fou de n'en pouvoir faire davantage. Car il fallait traverser ma modeste chambre pour aller à mon plus modeste bûcher. Tout doucement je remontai le long d'elle, mes doigts plongeant dans l'épaisseur soyeuse de sa chevelure, et ma bouche se tendant vers la sienne. Mais les baisers que j'y pris ne firent que me rendre plus cruelle l'impuissance où me condamnait la fatalité. Et je n'entendais pas encore dans l'escalier les pas lourds de ce sacré Boniface.

Elle était si gentille qu'elle m'offrit de se déshabiller tout de même et de le laisser à la porte quand il viendrait.

Et elle toussotait déjà légèrement en me faisant cette proposition résignée.

Un tigre n'eût pas accepté un tel sacrifice. Je proposai de redescendre pour hâter la malencontreuse livraison. Elle m'avoua qu'elle avait peur, seule, dans un appartement où elle n'était jamais venue. Et le temps passait à ces discussions enfantines, et je devenais fou de désir et cet abominable Auvergnat ne venait pas davantage.

Une seule ressource ! Cueillir à la dérobée, comme un voleur sur la branche, le fruit que j'avais rêvé de savourer dans la tiédeur caressante des draps blancs comme une nappe de mariage. Saccager un des plus beaux moments de ma vie ! Profaner une de ces ivresses qui ne reviennent pas ! Me comporter comme un moineau sur un toit au lieu de goûter les longues tendresses des colombes

> Qui, tout le jour, en baisers doulx et longs,
> Se font l'amour sur le haut d'une souche,

comme a dit excellemment le divin poète Ronsard ! Je reculai d'horreur et de dégoût devant ce sacrilège. Et Boniface qui ne montait toujours pas. Il y avait un bon quart d'heure — une éternité pour moi, — que nous l'attendions... je ne dirai pas le bec dans l'eau. Au contraire. Ah ! je n'y pouvais tenir. Elle non plus ! Nos bouches étaient déjà furieusement mêlées et nous nous cherchions des mains, dans l'importune épaisseur des vêtements... Pan ! Pan ! Pan ! Pan ! Un bruit de souliers ferrés, puis quatre coups impératifs d'homme chargé à la porte.

— C'hest moi ! le charbougnia !

Elle courut vivement à la fenêtre cacher son désordre, dans le rideau. Moi, j'ouvris furieux.

— Vous fichez-vous de moi, animal ! lui dis-je. Je vous avais ordonné de monter tout de suite.

— Ne vous fâchez pas, mouchia, me dit Boniface tranquillement en posant son crochet contre le mur et en soufflant. Je vais vous dire. Che n'est pas ma faute. Ma femme est enchointe...

Elle était si douce et compatissante qu'elle murmura dans les rideaux :

— La pauvre femme !

Et dégageant son joli minois, de trois quarts :

— Depuis combien de temps ? demanda-t-elle avec un intérêt affectueux.

Boniface rougit, comme à l'ordinaire, sous son maquillage noir, et prenant son air convaincu d'homme qui ne veut pas mentir :

— Mais depuis june dizaine de minutes à peu près, Madame.

Et son large rire était si franc que, sur lui, comme sur l'étincellement d'une cuirasse de diamant, s'émoussèrent nos colères.

INNOCENCE

INNOCENCE

I

Automnale mélancolie,
Jours sans soleils, fleurs sans parfums,
Ame de nos bonheurs défunts
Qui pleure et ne veut qu'on l'oublie ;

Jours sans soleils, nids sans chansons,
Ame qu'on oublie et qui pleure,
Chute monotone de l'Heure,
Derniers baisers, premiers frissons ;

> Fleurs sans parfums, cœurs sans tendresses,
> Premiers frissons, derniers baisers,
> C'est de tous nos rêves brisés
> Que l'Automne fait ses caresses!
>
> O lassitude des réveils,
> Sans blancheur d'aube matinale,
> O mélancolie automnale,
> Fleurs sans parfums, jours sans soleils!

Par ces sacrés jours d'automne, faits de langueurs et de déclins, je ne sais rien faire que me rappeler, et mes souvenirs, mêlés aux feuilles mortes, ne sont qu'une envolée vers les lointains. Et l'horreur même de tout ce qui se flétrit, dans cette saison douce et meurtrière, reporte, sur les ailes du rêve, ma pensée vers les printemps triomphants. Je me fuis moi-même dans cette fuite de toutes les choses vers le néant et je revis, ou du moins m'efforce de revivre les années fleuries de la jeunesse, comme si la faux du Temps avait pu passer sur moi sans me toucher. La folie des contrastes est en moi, véhémente et consolatrice; et, devant mon jardin dépouillé où s'éplorent les chrysanthèmes sur le tombeau des roses, où le merle mélancolique comme un croque-mort, et aussi noir, sautille à travers la ruine des nids, où les derniers asters semblent une poussière de constellations éteintes, je revois, par je ne sais quel mirage, le beau verger de ma tante Marguerite, aussi éclatant de fleurs et de fruits d'or qu'un poème de mon maître Banville, ce jardinier des étoiles, dans sa gloire à demi estivale, faite de fleurs largement épanouies et de fruits caressés de maturité.

Oui, le grand verger qui descendait presque jusqu'à la Seine, par des pentes veloutées de gazons d'où jaillissaient les arbres et les massifs, avec des allées serpentant entre des rives parfumées de thym où les guêpes s'abattaient comme des flèches d'or. Et aussi la longue treille qui fermait ce Paradis, sinueuse le long d'un mur festonné de brique rouge, se gondolant çà et là par le fait de la vétusté, ayant l'air d'un ivrogne de pierre très pansu et qui ne marche pas bien droit. Et la source qui ouvrait un œil glauque sous une paupière d'iris, avec un frémissement de sable dans le fond, comme aux prunelles des félins, la source dont l'approche nous était interdite, à ma cousine Guillemette et à moi, mais où elle s'allait regarder tout de même dans l'ébouriffement de ses cheveux que l'image du ciel nimbait d'azur. Plus haut, et dressée devant la maison, comme un rempart de verdure, la charmille de tilleuls avec des senteurs pénétrantes où se grisait le vol des scarabées.

Mais ma cousine Guillemette surtout, ma cousine Guillemette dans sa robe courte encore de coutil blanc soutaché de rose, jusqu'à mi-mollets et souvent plus haut quand elle gambadait avec moi comme un garçon. O la délicieuse gamine que c'était ! Voici que sa vision s'obstine en moi, plus longtemps que celle du décor subitement évoqué dans mon esprit, si bien que je la revois encore dans la désolation des réalités, mignonne avec sa robe de coutil blanc soutaché de rose, parmi les chrysanthèmes s'éplorant sur le tombeau des roses et les derniers asters semblant une poussière de constellations éteintes, angelet qui s'attarde au seuil des Édens fermés.

II

Ce n'était pas une personne sans travers que notre tante Marguerite. Généreuse et avare à la fois, elle donnait volontiers son bien, sans savoir le bien donner. Justement fière des fruits de son jardin, elle ne les offrait jamais que lorsqu'ils étaient trop mûrs, avec un regret évident. Ainsi tous les raisins de la treille étaient linceulés dans des sacs de crin. On n'en mangeait pas un dans sa belle saveur ensoleillée. Les grappes, cueillies seulement pour le retour à Paris, étaient emmagasinées dans un grenier et n'apparaissaient plus que flétries dans les desserts d'hiver. A vrai dire, ma cousine Guillemette et moi avions trouvé un correctif à cette fâcheuse méthode. Toujours levés de grand matin, nous retirions, pour les manger toutes mouillées de rosée, les belles grappes de leurs étuis et attachions ensuite ceux-ci autour de misérables grapillons qu'on avait dédaigné d'ensevelir. Comme ma tante passait, tous les jours, la revue de ses sacs, le compte y était toujours. Mais, aux grands dîners de la saison mondaine, il y avait, dans les compotiers, de fâcheuses surprises et le jardinier de Grandbourg recevait des lettres de colère où sa bêtise était rudement malmenée.

Pour les prunes, et les abricots surtout, ma tante

avait un autre principe. Elle nous permettait d'en cueillir pour le dîner, mais à la condition expresse de ne toucher qu'aux fruits « déjà fendus », soit que le bec des moineaux leur eût crevé le ventre, soit que leur peau se fût ouverte sous l'effort de la maturité, soit que les guêpes y eussent puisé le sucre à plein sillon. S'il s'en trouvait, d'aventure, un parfaitement intact dans notre vendange, de petits yeux méchants nous étaient faits sous les lunettes et nous risquions fort d'aller nous coucher sans dessert. Aussi, pendant cette cueillette, c'étaient des dissertations sans fin entre Guillemette et moi. — Celui-ci ? — Non ! il n'est que gercé ! — Celui-là ? — Non ! C'est une tache naturelle. Et nos mains craintives se détournaient et se reportaient ailleurs. Tout au plus osions-nous nous lécher les doigts.

J'ai dit : les abricots surtout. C'est que la tante Marguerite avait une coquetterie particulière des siens. Un seul abricotier dans tout le verger, mais immense et d'une admirable espèce. Un vieux naturaliste, qui fréquentait dans la maison, affirmait qu'on n'aurait pu trouver le pareil qu'en Perse. Le fait est que les fruits en étaient d'un ton superbe, d'un velours particulièrement embaumé, et les plus tentants qui fussent au monde. Avec un pareil arbre dans le Paradis, ce n'est pas pour une stupide pomme que l'Humanité eût été damnée. J'aurai dit tout ce que je pense de ces abricots merveilleux en n'en comparant la peau duvetée et faite des blessures du soleil, ambrée avec de petites vapeurs de sang, qu'à la peau même de Guillemette qui, n'ayant pas alors du lis de son teint un souci ridicule, laissait s'y mêler bravement, sous la rude caresse des hâles, des paillettes d'or et des pétales de roses. Le même air de vigueur et de santé était dans ces deux chairs attirant également les lèvres, celle-ci pour une morsure, celle-là pour un baiser. Et, parbleu! étonnez-vous donc de cela. L'abricotier, déjà grand, avait été planté le jour même de la naissance de Guillemette.

Et, elle aussi, avait pour cet arbre une affection particulière, quelque chose de vaguement fraternel. Car Guillemette était de la race des nymphes des bois ; et l'âme d'un faune, sans descendre jusqu'à mes pieds ni sans monter jusqu'à mon front, pour les encorner, mettait des ardeurs inconnues dans ma poitrine, en ces jours fleuris d'adolescence, dans les inconscientes extases de la nature attendrie.

III

Ce jour-là, comme souvent, — quand la tante Marguerite était loin — c'était Guillemette qui était montée dans l'abricotier et moi qui, au pied, attendais, un panier à la main, les produits de la cueille. Guillemette avait retiré prudemment son pantalon pour ne pas être trahie par les déchirures de la batiste, mais, pudiquement aussi, elle avait noué ses jupes entre ses jambes. Oh! bien peu de chose, car il faisait très chaud. Et vraiment elle était si attentionnée à son ouvrage qu'elle ne se doutait guère que ses jupes avaient repris leur liberté. C'est que les abricots entamés, ceux qu'on avait le droit de cueillir, se faisaient rares ! Elle me consultait sur celui-ci, sur celui-là, me les désignant du doigt, anxieuse de mes réponses. Mon esprit et mes yeux étaient loin. Les deux pieds écartés sur les branches largement ouvertes, Guillemette en montrait bien plus qu'elle ne croyait. Un éblouissement m'était passé dans la vue. C'est dans un bourdonnement d'oreilles, comme en ont les noyés, que j'entendis sa petite voix claire me dire :

— Eh bien ! est-il fendu celui-là ?

Et, ne me rappelant bêtement que l'autorisation de la tante Marguerite, je tendis vaguement la main, en fermant les yeux.

IDYLLE NORMANDE

IDYLLE NORMANDE

I

Le vent met les arbres en fête ;
Il fait autant de chalumeaux
  De leurs rameaux,
Et, quand il passe sur sa tête,
Leurs vieux airs sont toujours nouveaux
  Pour le poète.

Ainsi chante le noble poète Charles Frémine dans son *Bouquet d'Automne* qui se vend ce matin et qui charmera, de ses fleurs harmonieuses, celles qui aiment et ceux qui se souviennent. Ce bouquet de vers émus, vibrants, tout imprégnés de nature, je l'ai respiré, tout hier soir, dans l'odeur des bonnes feuilles que nous aimons aussi, nous qui faisons des livres. Depuis les beaux poèmes chantés de Pierre Dupont, je n'avais entendu une musique aussi sincèrement champêtre et amoureuse. Tout le paysage normand y contient, avec ses ciels où cavalcadent des nuées blanches pareilles à des cavales ou au reflet aérien des vagues d'écume brodant la côte prochaine, avec ses moissons abondantes, ses prairies où les fanons des bêtes fendent les hautes herbes, comme une proue le flot, ses champs de pommiers tout roses au printemps, tout rouges en automne, comme si les coquelicots s'étaient faits fruits.

C'est un Virgile normand que Charles Frémine, un vrai peintre d'églogues, et la langue pure qu'il parle, sonore, pleine d'images, a les transparences cristallines de la vague par les belles accalmies d'été.

Quelle admirable peinture des arbres dont les grandes ombres tressaillent sur ce sol tout plein de fleurs sauvages !

> Et tous les pins bleus, les bouleaux,
> Ceux que la moindre brise agite,
> Les peupliers pleins de bruits d'eaux,
> Le tremble qui toujours palpite ;
>
> Et ceux dont un souffle profond
> Peut seul animer les ramures ;
> Les chênes sonores qui font
> Passer comme un frisson d'armures...

Que vos mains blanches aux ongles roses, belles lectrices, coupent bien vite le papier de ce volume délicieux. Dans ce bouquet, que vous offre un vrai poète, respirez tour à tour les effluves marins

> Du raz Blanchart qui bout et fume
> Pâle de colère et de bruit;

la pénétrante senteur de la *Fougère*,

> Dont la tige droite et légère
> Tremblait au souffle du ruisseau;

l'*Héliotrope* :

> Dont la fleur aux cils d'or, par delà les sillons,
> Regarde fixement le soleil qui se couche.

Ecoutez la chanson du *Merle*

> Qui s'en va par delà les toits,
> Chercher la lumière et la vie,

et des *Alouettes*

> Jetant des cris plaintifs et doux
> Et bientôt retombant à terre,

et ne plaignez pas trop le poète quand il soupire, songeant à la quarantaine :

> Et seul, au coin de la fenêtre
> Où j'accoude mes longs ennuis,
> Sachant ce que je pourrais être,
> Je pleure sur ce que je suis !

Car il n'est pas de plus bel état dans ce monde, mon cher Frémine, que celui du poète sincère dans son émotion et habile dans son métier. C'est le *rara* avis que vous êtes. Et c'est pourquoi je m'attarde au seuil du conte promis, l'esprit et le cœur si pleins vraiment des choses que vous avez décrites qu'il me serait impossible de mettre ailleurs que dans votre pays normand la scène à faire, comme on dit au théâtre, le décor ensoleillé et fleuri où se vont promener mes marionnettes, lesquelles ont pour mission de faire rire, comme vos beaux vers celle de faire rêver.

II

Volontiers eût-elle été une des amoureuses de Charles Frémine, la Jeanne qui menait au loin les vaches dans les gras pâturages, enjuponnée de rouge mais pas bien bas, plutôt blonde que brune, avec des yeux où la vision lointaine de l'Océan avait laissé un peu de son azur profond, d'une beauté un peu sauvage, avec je ne sais quoi d'excitant, comme l'air salé que l'on respire sur les côtes, fruit vert encore mais d'une maturité voisine, hâtive déjà, apparente aux fermes rondeurs des seins, à l'impertinence des hanches, au sourire de la bouche qui semblait se façonner aux baisers. Pour ce qu'elle était relativement farouche avec les gars et leur baillait des mornifles quand ils lui pinçaient quelque chose, n'allez pas croire, au moins, à une créature angélique, faite de rêve et de pudeur. La poésie de son être était toute latente, et, pour ainsi parler, physique, faite de l'instinct qui lui faisait aimer les champs comme son berceau et les bêtes comme ses compagnes des joies et des tristesses que lui donnaient le beau temps et la pluie, et de l'horizon vague des impressions d'amour qu'elle sentait flotter autour d'elle, dans l'odeur grisante des sèves et le spectacle des ruts printaniers. Dans cette âme franche mais étroite ne logeait vraiment, au delà des bien-êtres qui sont le lot commun de tous les contemplatifs, que le souvenir du petit Jean, plus vieux qu'elle de deux ans — et elle en avait dix-sept pour son compte — qui avait été son frère de lait et avait joué avec elle tous ces petits jeux de l'enfance que l'âge des joueurs fait, seul, innocents. Leur pureté originelle se ternit un peu, dans nos mémoires, quand, avec des sens mieux instruits, nous en évoquons le détail, lequel prouve certainement que l'homme n'est pas fait pour la chasteté et que les moines furent des sots.

Oui, cette image de Jean, déjà plus bêta qu'elle, était demeurée sous le front embroussaillé de la bergère. Elle se rappelait lui avoir donné des leçons à lui qui devait être si savant aujourd'hui! Car il travaillait à la ville pour être apothicaire. Ses parents avaient de l'ambition. Son père, apothicaire lui-même, avait préconisé, dans un mémoire très remarqué à l'Académie des sciences morales de Falaise, un retour aux coutumes immortalisées par Molière. Il avait relevé dix cas, au moins, où des clystères donnés par des maladroits avaient eu des conséquences funestes. Il entendait que son fils ne confiât à personne le soin d'octroyer les lavements à ceux qu'il y avait condamnés et lui donnait, pendant ses vacances, des leçons de tir. Jean, qui avait un esprit naturellement sérieux, s'appliquait énormément à ce genre d'études. Il promettait un pointeur hors ligne et avait déjà le sentiment de la dignité que cela lui donnerait dans le monde. C'était un de ces jeunes gens d'aujourd'hui qui ne rient jamais, même quand on parle de derrières. On n'est pas vraiment plus « fin de gaîté » que ces bougres-là.

Mais Jeanne, tout en se rappelant qu'il était déjà, tout petit encore, sérieux comme un âne qu'on étrille, ne pouvait cependant se le représenter ainsi, dans la majesté du sacerdoce à venir. Il était arrivé de la veille chez une vieille tante qui habitait le village, et, très innocemment, avec une rougeur de framboise aux joues cependant, elle lui avait fait dire, par un gamin, dans quel coin du pâturage il la pouvait rencontrer. Et, plus rêveuse que de coutume, les yeux sur son tricot où l'aiguille ne courait guère, elle marchait très lentement, traînant dans l'herbe les sabots dont étaient indignement meurtris ses petits pieds. Ainsi longeait-elle une saulaie, aux frissons argentés, le long du large ruisseau où ses vaches venaient boire, les pieds de devant plantés dans le sable et le museau soufflant des brouillards sur l'eau claire.

Se rappelant qu'il était gourmand, elle avait, dès la veille, cuit une petite galette qu'elle portait dans son panier, avec des groseilles cueillies dans les haies.

Quant il apparut se dandinant, dans sa maladresse allongée d'adolescent en retard, elle eut un tremblement dans tous les membres, une émotion bête qui la saisit partout. C'est à ce point que, quand il fut près d'elle, et après un bonjour à peine murmuré de part et d'autre, elle ne put retenir, en sortant la galette du panier pour la lui offrir, un soupir qui, sous le couvercle de ses jupes, s'encouragea dans l'air et se gonfla en une belle pétarade bien ronflante. En même temps, voyant le jeune homme jeter un regard dédaigneux sur ce présent, elle ajouta vivement en rougissant :

— Ah! monsieur Jean, si j'avais su que c'était pour vous, j'y aurais mis un peu de crème.

L'animal ne se dérida point et se contenta de dire que son estomac ne supportait pas la galette des paysans.

III

Cependant, obstinée qu'elle était dans l'illusion vague d'antan grossie par le petit bout d'imagination que la fille la plus inculte porte en elle, elle avait, tout en lui parlant de son mieux, conduit Jean jusque dessous la saulaie, dans un endroit très ombreux, mystérieux presque par la demi-obscurité verte et le silence bercé seulement par un imperceptible murmure de l'eau entre les joncs. Et là, vraiment dans le repos parfumé d'aromes sauvages, elle attendait qu'il lui dît quelques paroles d'amour, ou, mieux, qu'il la saisît par la taille et l'entraînât vers sa bouche, avec une belle brusquerie bien passionnée, en bête qui, comme toutes les autres, sent le printemps lui grimper aux moelles, comme aux murailles le volubilis, et le désir s'y ouvrir comme les fleurs aux cimes des haies. C'était autour d'eux, dans la tiédeur de l'air mouillé de parfums charnels, une telle tendresse des êtres et des choses ! Mais lui, l'imbécile, faisait son pédant, dans cette nature extasiée. Il racontait les mouches qu'il avait faites à l'hydraulique pistolet que lui avait enseigné son père, il décrivait ces cibles, scientifiquement, sans gaieté, comme les astronomes qui parlent sérieusement des rondeurs de la lune, lesquelles les gens de bien ont coutume de mesurer sans se servir pour cela de lunettes. Il disait ses projets d'avenir quand il aurait fichu un clystère à quelque souverain qui lui donnerait, pour le moins, sa fille en mariage. Jeanne commençait à être furieuse du ton vraiment par trop peu passionné de ce tête-à-tête. Elle l'admirait stupidement pour son savoir, mais elle rageait instinctivement.

Tout à coup, un grand craquement des arbres tout près d'eux et un gémissement strident de hautes herbes qu'on écrase. Puis un mugissement formidable et de larges coups de queue battant des flancs. Tous deux se retournent et aperçoivent le taureau arc-bouté sur la plus belle vache, les fanons baveux et fumants, avec une échine crénelée comme une chaîne de collines vivantes. Un éclair passa dans les yeux de Jeanne, un peu de l'âme de Pasiphaé peut-être, un rayonnement désespéré.

— Que ces sales bêtes m'ont fait peur ! s'était écrié Jean tout pâle et debout dans un tremblement qui lui secouait les jambes.

Avec un indéfinissable sourire où, à l'ironie, se mêlait une pointe d'espoir, elle lui répondit :

— Dis donc, Jean, si nous essayions de leur faire peur à notre tour !...

> Le vent met les arbres en fête ;
> Il fait autant de chalumeaux
> De leurs rameaux,
> Et, quand il passe sur sa tête,
> Leurs vieux airs sont toujours nouveaux
> Pour le poète...

comme chante le noble poète Charles Frémine dans son *Bouquet d'Automne* qui se vend ce matin même et qui charmera de ses fleurs harmonieuses celles qui aiment et ceux qui se souviennent !

PARABOLE

PARABOLE

A Montorgueil.

I

Il y avait, — pourquoi ne pas parler du futur comme du passé dans nos histoires, puisque le temps n'est qu'une convention des hommes, une simple mesure devant l'éternité d'un Dieu peut-être et de la matière certainement — il y avait une centaine d'années, qu'en l'an de grâce 1990 dont je date ce récit, le docteur Variot avait fait à l'Académie des sciences une communication qui, conformément aux ingénieuses prévisions de mon savant confrère Montorgueil, devait révolutionner la face du monde. Il paraît que, dans cette année 1890, les Français avaient été particulièrement heureux, grâce à l'équilibre du budget, aux livres de Georges Ohnet et au théâtre de M. Sardou. Car on ne s'y était préoccupé, chez nous, que d'accroître artificiellement la durée de la vie humaine. L'illustre Brown-Séquard venait de la prolonger déjà de l'existence de plusieurs lapins — quels résultats n'eût-il pas obtenus avec de la semence de corbeau ou de la laitance de carpe!... — quand ce tant précieux sieur Variot résolut de donner, aux trépassés eux-mêmes, une longévité posthume dans l'inaltérabilité des métaux qualifiés de précieux par ceux qui n'en ont pas beaucoup à leur service.

A peine ses impatients contemporains avaient-ils affecté de rendre le dernier soupir — car les morts nous gardent à ce sujet de bruyantes surprises — qu'il les plongeait dans une marinade d'or ou d'argent où s'affirmait la rigidité cadavérique sous une enveloppe bientôt à l'abri, par son épaisseur, des rigueurs du temps qui fut toujours, comme chacun le sait, très mal élevé. Par un petit travail de pantomime funéraire on donnait préalablement aux défunts l'attitude qui convenait le mieux aux occupations de leur vie passée.

C'est ainsi que la plupart étaient représentés, par leur propre dépouille, méditatifs et songeant à la façon dont ils pourraient voler leurs voisins. Cette nouvelle application de la galvanoplastie avait donné une extension considérable à une industrie qui, trop longtemps, ne s'était exercée que sur les couverts. Les nickeleurs les plus en renom étaient arrivés à des situations considérables dans l'administration des Pompes funèbres transformée et confondue avec celle de la Monnaie. Les cimetières ne recevaient plus que de petits morts sans aveu et un bureau spécial avait été établi au Mont-de-Piété pour les prêts sur parents. Une école d'orfèvrerie avait été instituée également pour bichonner les trépassés ayant gardé quelque sentiment de coquetterie. Enfin l'État avait trouvé là une source d'impôt somptuaire qui compensait, et au delà, les moins-values croissantes des recettes présumées.

Un véritable retour à l'âge d'or, au moins pour les personnes déjà fortunées de leur vivant.

II

Mais, comme il convient à la pérennité de nos travers sous des formes différentes, une nouvelle source de sottise humaine devait jaillir de ce sillon nouveau creusé par la science. Les hommes ne s'occupaient plus que de laisser de quoi les momifier plus somptueusement. Ils léguaient à leurs héritiers des charges si épouvantables que les successions n'étaient plus guère acceptées que sous bénéfice d'inventaire. Des transactions immorales souillaient encore davantage les sincérités natives de l'Amour. On se faisait des cadeaux posthumes, on échangeait par avance ses reliques, en cherchant à se tricher sur la classe dans laquelle on se ferait ensevelir. — Mon mignon, puisque j'aurai la joie immense de te conserver, fais-toi aurifier, je t'en prie ! — Mon chéri, que tu seras encore gentil avec deux diamants à la place des yeux ! Tels étaient les doux propos qui interrompaient la musique divine des baisers et l'allure funèbre qu'avait prise le marivaudage national. Car la bijouterie s'était mise de la partie et les joailliers enjolivaient encore les restes qui en valaient la peine, en plantant des rubis dans les lèvres, des turquoises sous les paupières et des perles dans les gencives. On citait même des cocus fastueux qui se commandaient, par testament authentique, de petites cornes en topaze ou en diamant du Cap, lequel est, comme on sait, légèrement embué d'or.

Ces préoccupations de fashion d'outre-tombe avaient achevé de chasser du cœur des hommes le noble souci de la beauté et de la vertu. La gaieté était morte dans cette débauche de précautions funéraires.

Il était demeuré cependant quelques bons vivants qui se fichaient encore du nez qu'ils feraient après leur trépas, bohèmes du sépulcre qui continuaient à boire à table et à aimer dans leur lit !

Mais de quel mépris ils étaient l'objet, en particulier dans leurs familles ! On disait d'eux, parce qu'ils ne seraient enduits d'argent ni d'or, qu'ils n'arriveraient à rien.

Ainsi parlait dédaigneusement le juif Nephtalie de son frère Lazare — car il est absolument improbable qu'il y ait autre chose que des Juifs sur la face du monde, dans un siècle, ce qui est tout à l'éloge d'une race aussi visiblement élue. — Nephtalie, par d'habiles opérations de banque, avait mis de côté de quoi se faire habiller complètement de platine — le plus coûteux des métaux — et s'était assuré la possession du Kohinnor pour se loger une note gaie dans le nombril. Lazare, lui, n'aurait pas eu de quoi se faire confectionner un complet en fer battu à la Belle Jardinière de Montparnasse. C'était un garçon simple, doux, honnête, sans ambition et dont l'unique plaisir avait été de faire Nephtalie cocu. Ce qui ne révolte ni la nature, où ce genre d'accouplement est fréquent, ni la loi, qui, autorisant le mariage entre beaux-frères et belles-sœurs, ne saurait *à fortiori* leur interdire les faux ménages. Donc, durant que l'opulent Nephtalie négligeait sa femme Rebecca, belle cependant entre toutes les filles de sa race, avec des yeux allongés et une admirable chevelure noire, Lazare ne souffrait pas que ces biens dévolus à l'autre fils de sa mère fussent perdus, et se faisait une glane superbe de cette moisson de caresses abandonnées. L'autre pouvait thésauriser pour ses funérailles. Ils ne lui enviaient rien dans les solitudes à deux que leur faisaient les beaux ombrages, tout près de la source qui chante et sous le doux regard des étoiles. Mais Rebecca mourut jeune, bien plus pleurée de Lazare que de Nephtalie. Et sous le long masque d'or dont son fastueux époux l'avait enveloppée, sous son suaire de métal, Lazare avait su glisser une fleur toute mouillée de ses larmes et dont le dernier parfum était fait d'un baiser.

Après quoi, bien peu de temps après, il mourut

lui-même et fut jeté dans le trou « qu'il n'avait pas volé », comme disait affectueusement Nephtalie qui n'en aurait pu dire autant de sa posthume armure.

III

Le coup de trompette prophétique a retenti. De grandes avalanches de nuées ont roulé dans le ciel, incendiant leurs panaches à la flamme des astres désorbités. L'azur roule des flots comme une mer en furie avec des écumes arrachées aux cimes neigeuses des monts. Le firmament se déchire et de grandes coupures sanglantes y semblent ouvertes par un glaive mystérieux. Comme les pierres d'une fronde, la lune et le soleil s'écrasent en mille étincelles contre un obstacle inconnu. Toute la nature, que les chaos originels ont reprise, s'effondre et se transforme au bruit de ce clairon mystérieux qu'accompagnent des roulements confus de tonnerre. La mer, projetée par un choc effroyable, s'est évaporée en une poussière bleue qu'irisent de fantastiques arcs-en-ciel, et les arbres, tordus par des souffles impérieux, s'entre-choquent, dans l'air, comme des épées.

C'est l'appel des morts, le jugement dernier qui sonne. Les joues de l'Archange crèvent à gonfler le cuivre céleste, et l'Éternel se recueille dans sa longue barbe fleurie d'éternité.

Tous les morts ont entendu et un frémissement a fait craquer leurs os. Dieu les convie à ressusciter dans la grâce et dans la force de leur jeunesse. Mais tous ne peuvent tendre leurs membres engourdis à ce rajeunissement. Ceux que de cupides soucis ont enfermés dans d'inaltérables carapaces de métal s'y débattent inutilement et connaissent que l'or et l'argent ne sont pas une prison moins dure que le fer, instrument, du moins, des héroïsmes et des labeurs nourriciers. Tous ces faux chevaliers couchés sous leur cuirasse la veulent soulever en vain des battements furieux de leur cœur dont le rythme s'alourdit bientôt dans la solitude de l'irrémédiable néant. Comme dans le code latin, le mort saisit le vif ou mieux le ressaisit, et le corps, un instant traversé des chaleurs vitales recouvrées, se sent redevenir cadavre, mais cette fois sans rémission. Nephtalie se déchire en vain les ongles au Kohinnor qui lui ferme le ventre comme un verrou.

Cependant d'autres morts, les gueux, ceux qui se sont contentés de bières en sapin que le temps a depuis longtemps rongées, ceux qui dormaient sous l'herbe haute et l'oubli, dans des lambeaux de suaires, ont entendu, les premiers, la séraphique fanfare et leurs membres déliés de toute entrave, libres comme leurs âmes, ont obéi déjà au divin commandement. Des gazons bouleversés dans l'écrasement parfumé des roses sauvages, des bras se tendent, des jambes se délivrent, des regards s'allument et des bouches sourient. Comme des vapeurs qui se figent, comme des visions qui se font réelles, les formes se dégagent de ce chaos nouveau, les seins se moulent et se durcissent des belles femmes ensevelies, leurs hanches paresseuses se gonflent

5.

et s'enferment dans l'opulente majesté des lignes. Ce qui n'était qu'un embroussaillement de verdure devient des chevelures brunes et blondes, ondoyantes d'or ou d'ombre, où pendent encore les fleurs des tombes ouvertes. De l'écorce des saules jaillit Galatée triomphante et c'est, sous les cyprès, comme un réveil de caravane sous les premiers rayons du soleil.

— Vivez! vivez! leur crie le messager des âmes.

Et ce murmure, sorti de la terre déchirée, y répond :

— Aimons! Aimons!

La fanfare sonne encore au-dessus d'un crépitement humide de baisers.

— Que voulez-vous pour vous payer de vos souffrances? dit, bienveillante, la voix de l'Eternel lui-même dans l'éternité de sa barbe fleurie.

Et, de toutes ces bouches qui se cherchent, de tous ces corps qui se tordent dans l'étreinte retrouvée des caresses, de tous ces amants qui se retrouvent, sort ce cri éperdu, unique, impérieux :

— L'Amour! l'Amour!

Et, de cette grande foule extatique et couchée qui se roule dans l'enchantement, à jamais permis, des voluptés, deux belles ombres montent enlacées. Deux ombres, non! Deux corps glorieux aux chairs transparentes de lumière : Lazare et Rebecca qui, plus haut que les autres encore, clament vers Dieu :

— L'Amour! l'Amour!

COLIN-MAILLARD

COLIN-MAILLARD

I

Que je remercie, avant tout, la noble dame qui a bien voulu s'informer auprès de moi de la santé de notre vieil ami Cadet-Bitard. Il m'eût été pénible de penser que cet excellent gentilhomme, qui n'a pas attendu le sieur Moreau pour renoncer à ses titres, de si bonne compagnie et d'éducation si correcte, fût oublié de celles à qui il a tenté de plaire. Cadet-Bitard va bien; il est profondément

touché de votre souvenir et me charge de vous
conter une de ses dernières prouesses. Que si elle
ne vous semble pas devoir remplacer les tragédies
de Racine pour l'éducation des demoiselles de
Saint-Cyr, ne vous en prenez qu'à vous et à l'impru-
dence que vous avez commise en faisant prendre de
ses nouvelles. Pour vous en donner, il a dû inter-
rompre le beau volume des poésies facétieuses qui
paraîtra bientôt et dont je me suis chargé d'écrire
la préface.

Je n'ai rien, en effet, à refuser à Cadet-Bitard que
j'aime comme un autre moi-même, et dont je partage tous les goûts. Nous avons cela de commun,
l'un et l'autre, en ce siècle versatile, d'être im-
muables comme une paire de Jéhovah. Nous nous
avouons volontiers, quand nous nous faisons nos
confidences, que nous sommes restés gens tout
d'une pièce et indécrottables dans la rigidité de
notre fantaisie, nous sommes les intransigeants de
la Poésie et de la Femme, les deux seules choses
dont nous daignions nous occuper. Une mauvaise
rime nous donne, à l'un et à l'autre, une attaque
de nerfs, et quant à transiger sur le *quantum* du
pétard de nos maîtresses, il ne faut pas que la pos-
térité y compte. Ne restât-il qu'un copieux derrière
dans l'humanité féminine qu'il serait pour nous.
C'est pour nous qu'il chanterait le chant du cygne
de la Beauté callipyge, et plutôt que demeurer sans
ce jovial compagnon dans cette vallée de larmes,
en ferions-nous un aérostat pour aller rejoindre,
avec lui, les vieilles lunes dans les mystérieux
abîmes de l'infini. O lunes de Cléopâtre, de Dalila,

d'Hélène et de Circé, lunes tragiques, lunes fatales, lunes dont la circulaire clarté a conduit les hommes et les peuples aux abîmes, pour spectres de lunes que vous êtes aujourd'hui, nous n'en aimerions pas moins les fréquentations de vos ombres que celle des fessiers ridicules de maintes péronnelles contemporaines, joujoux pour enfants, amusements de pygmées, jetons de loto, lunettes plutôt que lunes, parodie des postérieurs olympiens. Quand Cadet et moi, dans nos promenades, apercevons quelqu'un de ces pains à cacheter sous le buvard de jupes étriquées, il faut voir la généreuse colère où nous nous mettons et notre indignation contre le goût des imbéciles qui se contentent de ses platitudes.

Et les petits nez en l'air, les nez mutins, comme disent les vaudevillistes, il faut voir en quel mépris nous les tenons ! Nous appelons ça de mignons bouche-culs, dans notre langage familier. Comme pour les assises robustes, nous tenons pour le bel idéal grec des visages et le nez dominateur des impératrices romaines, descendant du front, sans grande inflexion, et posant comme une colonne de marbre entre les foyers sombres des prunelles où brûle une flamme sereine, celle dont Ilion et le cœur de Marc-Antoine furent embrasés. Maintenant, et nous ajouterons pour excuser notre intolérance, que certaines femmes ont tant d'esprit qu'elles nous font accroire, quand elles le veulent, qu'elles ont le nez comme nous les voulons. C'est le triomphe de l'enchantement et du mensonge qui en fait d'éternelles charmeresses. Mais, Cadet-

Bitard et moi, nous aimons mieux nous laisser grossièrement abuser que de fléchir un seul instant, dans nos principes, et si une dame vient à nous plaire, dont le profil ne soit pas modelé suivant notre programme plastique, nous préférons croire que ce sont nos yeux qui nous trompent. Ainsi, pouvons-nous nous départir de l'austérité de notre idéal, sans le laisser amoindrir le moins du monde, et en nous confiant, l'un à l'autre, que, comme les autres hommes, nous ne sommes pas parfaits.

II

Il y avait grand colin-maillard, ce soir-là! chez l'excellente baronne de Kuhn-Avran, dont les salons sont encore meublés de noblesse authentique, et où Cadet-Bitard fréquente volontiers, sans se mêler d'ailleurs aux petits jeux de société très en faveur dans la maison. Car il est observateur en diable, de sa nature, et ne va guère dans le monde que pour en étudier les travers dont aucune rancune contre la société ne lui vient, d'ailleurs. Car il est de tempérament benoît et bienveillant, et la curiosité n'est pas chez lui la perfide messagère de la méchanceté. Son grand amusement, à lui, est dans le bruit que font ceux qui s'amusent. C'est un homme qui fait des ronds pour qu'on y danse, sans y danser soi-même. Jamais philosophe ne fut moins imprégné de misanthropie.

Et, ma foi, le spectacle était charmant de toutes

ces jeunes filles, en toilette légère, poursuivies, dans le brouhaha des meubles remués, par une de leurs compagnes dont un mouchoir de fine batiste voilait les yeux. Celle-ci marchait un bras étendu en avant, comme une aveugle, sur le chemin mystérieux des petits cris poussés autour d'elle et des frôlements volontaires dont on la taquinait. Les mains se prenaient quelquefois à ceci ou à ça, parmi les beaux reliefs qui étaient comme des postes avancés dans cette pacifique bataille, et alors c'était un redoublement d'éclats de rire avec de petits gestes de pudeur et des oh! tout à fait comiques. On avait dû renoncer à un genre de colin-maillard très en honneur dans le somptueux atelier d'un de nos jeunes peintres les plus renommés pour la gaieté de ses fêtes et pour son talent. Je vous le recommande en passant. On s'assied en rond autour du patient dont un mouchoir bouche les yeux, et, sans se servir de ses mains (notez la décence de ce détail), il doit reconnaître les personnes rien qu'en s'asseyant sur leurs genoux. Cet exercice de double vue, et cette application du siège naturel à l'appréhension des formes extérieures sont féconds en incidents facétieux. Ils développent énormément la sagacité d'un organe qui, pour les imbéciles, n'avait jusque-là servi qu'à s'asseoir. J'ai vu des gens en développer ainsi le tact, au point de n'en avoir plus besoin d'autre pour se conduire dans la vie. L'*omnia mecum porto* du sage était au fond de leur culotte. Essayez de ce jeu, mesdames, et vous m'en direz des nouvelles.

Mais on y avait dû couper court, chez l'excellente

baronne de Kuhn-Avram, pour ce que plusieurs de ces demoiselles en avaient la rate déjà défoncée. On avait repris le colin-maillard traditionnel où tout le monde va et vient, et Cadet-Bitard, d'un petit salon éclairé à peine et donnant sur le grand où l'on jouait, allongé sur un canapé, méditait en regardant, visité souvent par la porteuse du bandeau qui s'enfilait dans la porte, en tâtonnant, et ne s'apercevait pas qu'elle entrait dans une demi-obscurité.

Il avait été convenu, d'ailleurs, que personne ne se réfugierait dans cet asile situé en dehors du champ du combat.

III

Or, il y avait, parmi les joueuses, une demoiselle Élodie Fessembrige que Cadet-Bitard trouvait la plus ridicule du monde, pour l'impertinence de son petit nez en trompette et l'affectation qu'elle mettait à aimer les parfums. Toujours narines au vent, — comme des voiles — elle humait tout ce qui passait dans l'air, comme un grand chien de chasse, maigre et longue qu'elle était, la diablesse ! Il n'était bouquet dans un vase, sachet dans un tiroir qui ne l'attirât immédiatement. Elle disait reconnaître toutes ses amies, les yeux fermés, à l'odeur qui leur était familière et qu'elles portaient soit dans les cheveux, soit dans le mouchoir. Elle disait où les gens avaient passé, aussitôt mise sur leur pisto. Aussi, quand ce fut à elle de porter le bandeau sur les yeux, fut-ce une extrême curiosité pour tout le monde, de savoir si vraiment elle jouissait de ce flair cynégétique et prodigieux. On commença donc de se sauver d'elle bien plus que d'aucune des précédentes, en faisant des zigzags pour dérouter son expérience aromatique. Enfin, complètement perdue, se dirigea-t-elle, les ailes ouvertes, vers la porte du réduit où notre Cadet-Ditard rêvait.

Et vous allez voir la sacrée invention qui lui vint à l'esprit, si irrésistiblement despotique que tout le bon goût du monde ne le put détourner d'en faire éclat.

Prestement il fit tomber son haut-de-chausses, retroussa sa chemise et se posa à quatre pattes, sur le canapé, de façon à avoir son derrière nu à une certaine hauteur, celle d'une personne de petite taille. En même temps, une main derrière le dos, il se mit à balancer au-dessus une rose qu'il venait de cueillir dans cette façon de serre, et braqua le tout dans la direction de mademoiselle de Fessembrigo qui arrivait toujours en tâtonnant. Parbleu ! l'odeur exquise de la rose eut bien vite attiré celle-ci. Elle s'en vint bouter son nez insurgé dans le sens où il était voluptueusement sollicité. Mais, au moment où il s'allait trouver tout près de la fleur, notre Cadet fit dextrement sauter celle-ci sur ses épaules, en repliant vivement le coude, et vous envoya une belle pétarade à la Brabançonne qu'il tenait en réserve dans son arsenal naturel et dont le vacarme odorant n'avait rien qui rappelât les filles exquises du Bengale.

Mademoiselle de Fessembrige, ainsi mitraillée à bout portant, tomba à la renverse en poussant un cri indigné. Elle était comme évanouie quand on lui eut rendu la lumière. Ses amies lui tapotèrent dans les mains et lui prodiguèrent un tas de petits soins, tout en ayant grand mal à retenir leur sérieux. Cadet, lui, avait jugé prudent de repasser vivement sa culotte et de déguerpir à l'anglaise. Mais il reçut, le lendemain, une jolie lettre de l'excellente baronne de Kuhn-Avran. Impassible et sans déroger à la dignité du rôle qu'il s'est donné dans ce monde, il répondit à la baronne par le sonnet suivant, plein d'une fierté mélancolique :

PROFESSION DE FOI

Il n'est beauté qui me pénètre
Des saintes terreurs de l'Amour
Que celle où, dans le pur contour,
La race se peut reconnaître.

Jamais minois ne fut mon maître
Et ne me dompta plus d'un jour ;
Il me faut des déesses pour
Que je leur soumette mon être.

J'adore les profils latins
Et les beaux visages hautains.
— Quant à ces museaux en trompette

Qui s'osent intituler : nez,
Sur des visages chiffonnés...
Je les crois faits pour qu'on y pète !

Et maintenant, madame, si cette histoire nouvelle de Cadet-Bitard vous paraît incongrue, ne vous en prenez qu'à vous-même. Il ne faut pas réveiller le poète qui dort.

L'ÉDUCATION D'UN PRINCE

L'ÉDUCATION D'UN PRINCE

A la mémoire de Machiavel.

I

Dans un des plus admirables paysages de l'Inde, où les protégés de la grande Angleterre — qui n'étaient pas des esclaves, au moins — travaillaient cependant comme des nègres, sous l'œil caressant des canons, s'achevait la moisson, dont les protecteurs devaient vendre fort cher le moindre grain à ceux qui avaient fait les gerbes. Une nature, ivre de liberté, s'épanouissait en lumineuses floraisons, autour de ce spectacle consolant pour l'humanité civilisatrice. Dans l'air, comme mouillé de feu, passait le vol de grands oiseaux et sur la surface du fleuve prochain, d'un azur sombre comme le lapis-lazuli, scintillaient de petites perles d'argent se poursuivant comme nos feuilles mortes sur les chemins automnaux. Des arbres en parasols répandaient autour d'eux et dessinaient circulairement, sur le sable éblouissant, une ombre violette. L'horizon était comme une poussière d'or tourbillonnant autour du fronton bleu d'une pagode prochaine, au-dessus de laquelle une croix mélancolique avait été plantée, malgré la protestation des indigènes, sans que toutefois ceux qui avaient protesté trop haut eussent été plus que pendus.

Une longue bande de ces naturels récalcitrants, dans cette chaude coulée de chaleur, revenait du catéchisme presbytérien où nul d'ailleurs n'était forcé d'aller autrement que conduit par deux soldats qui lui donnaient des coups de fouet au moindre signe d'inattention. Car ainsi, avec une fermeté pleine de douceur, se poursuivait l'instruction religieuse des heureux pupilles de la grande Angleterre.

Dans une tente d'un confortable merveilleux, devant une table où l'on avait dû reléguer dans un coin une belle théière d'argent massif, les biscuits et un flacon de whisky, pour y poser une boîte d'échecs, dans l'odeur de merveilleux cigares promenant, en fumée, l'âme de la Havane, au-dessus de leurs têtes, le colonel Hilpett et le Révérend Igitur achevaient une partie, en chemise de soie, les pieds allongés en avant, dans la familiarité d'une intimité douce. Le colonel Hilpett n'était pas, au moins, le tyran de cette contrée — il s'y contentait d'exercer, au nom de la Reine, un pouvoir absolu, avec droit de vie, lequel il affirmait en engrossant les plus belles filles, et droit de mort dont il usait en supprimant les protégés récalcitrants. C'était d'ailleurs un homme jovial, même devant la mort... des autres et qui avait toujours quelques mots pour rire en les envoyant au trépas. Quant au Révérend Igitur, c'était un théologien distingué et tolérant, chargé de l'instruction morale de ces égarés dans de lointaines idolâtries, et qui n'opérait jamais que par persuasion, à moins qu'il ne priât son ami et partenaire Hilpett de supprimer de ce monde ceux de ses élèves qui manquaient de dispositions pour le christianisme comparé. Aussi s'entendaient-ils à merveille pour faire bénir, à cette population privilégiée, l'honneur d'avoir la grande Angleterre pour marraine devant l'Humanité.

Tout à coup, avec sa compréhension soudaine qu'il allait être mat, le Révérend posa la main sur un pion, comme pour demander un armistice :

— Pardon, colonel, fit-il, mais c'est l'heure de la leçon de géographie du jeune prince Minafilou.

Le colonel, qui n'était pas dupe, sourit dans sa longue moustache.

— Et que lui apprenez-vous, à votre prince ? demanda-t-il à demi railleur.

— A admirer la grandeur de l'Angleterre, répondit le Révérend avec solennité. Je veux que, même dans l'obscurité la plus noire, il puisse en désigner les moindres possessions. Et voilà ce que j'ai imaginé pour arriver à ce résultat. J'ai fait construire une mappemonde en relief où les différents pays sont marqués par les sinuosités du carton; je la tourne d'un certain côté pendant que mon élève n'est pas là. Puis je le fais venir les yeux bandés, et il faut qu'au toucher il me dise le nom de chacune des terres que parcourt son doigt interrogateur. Ainsi, les choses se fixent mieux dans sa mémoire que par l'impression fugitive de la vue ou le fragile souvenir de l'oreille.

— Et quand il se trompe?

— Je ne lui fais jamais donner plus de quinze coups de fouet, par respect pour son rang, et encore je lui permets de garder une petite culotte de mousseline.

— Vous avez raison, Révérend, il faut nous faire aimer plutôt que craindre. Moi, je vais faire couper le cou, avant le coucher du soleil, à une demi-douzaine d'enfants adoptifs de notre gracieuse souveraine. *God save the queen!*

— *God save the queen!* répéta le Révérend.

— « *Goutte sa vieille couenne!* » répondit encore l'Echo, qui, étant une nymphe grecque, n'est pas tenu de prononcer correctement l'anglais.

Cette conversation ayant eu lieu dans un idiome britannique absolument pur, je l'ai voulu traduire jusqu'ici en bon français, mais dorénavant, dans la suite de ce récit, j'imiterai la « nymphe » Echo et ferai parler aux insulaires leur authentique charabia, tel qu'il parvient à nos ouïes blessées. Car je suis un peu, dans ma tendresse pour Albion, comme le rustre conduit devant le commissaire pour avoir roué de coups de canne un Anglais.

— Que vous avait fait cet homme ? lui avait demandé le magistrat.

— Comment ! ce qu'il m'avait fait, monsieur le commissaire ! Mais il a brûlé Jeanne d'Arc.

— Il y a longtemps de cela ! interrompit moins gravement le pouvoir public.

— Oui, mais je venais de l'apprendre à l'instant ! riposta le manant.

Ainsi la vieille rancune qui bouillait au cœur du vieux Villon, contre nos voisins, n'est-elle pas encore bien chassée de nos veines.

II

Si nous revenions au jeune prince Minafilou, élève du Révérend Igitur? C'était le fils authentique d'un roi de là-bas. Ce serait méconnaître les faits que dire que les Anglais l'avaient volé à son père. Ils s'étaient contentés de l'arracher de ses bras, les armes à la main, et se gardaient bien de le traiter en prisonnier. Il leur suffisait de l'enfermer sous bonne garde et de le faire obéir à toutes les fantaisies de ses gardiens. Ils lui avaient laissé, du reste, la liberté de vivre selon la mode de son pays, à la condition qu'il portât des bottines qui lui écorchaient les pieds, qu'il mangeât du roastbeef qu'il ne pouvait sentir, et qu'il écoutât des cantiques protestants qui lui donnaient des attaques de nerfs. Ajoutez à cela les leçons de géographie d'Igitur et vous aurez une idée de la vie délicieuse que menait cet heureux hôte de la colonie anglaise. Car l'Angleterre est trop près de l'Ecosse pour ne pas exercer loyalement l'hospitalité.

Le jeune prince Minafllou n'avait pas encore seize ans. Les égards dont il était l'objet avaient encore émacié sa fluette personne où respiraient toutes les mélancolies de l'exil. Son visage mince, aux traits fins et réguliers, aux tons d'ambre plutôt que d'olive, était éclairé par deux yeux sombres et très doux dont les cils frangeaient l'ombre fort avant sur les joues. Un sourire hautain effleurait sa bouche, petite, qu'ombrageait un duvet naissant à peine. Son torse, aux maigreurs adolescentes, avait les nettetés élégantes d'un bronze antique, et ses jambes fines étaient faites pour la course comme celles des cerfs ou de l'antique Diane. Il acceptait tous les hommages qui lui étaient prodigués, y compris les quinze coups de fouet sur la culotte de mousseline, avec un dédain visible et des mines d'aigle en cage qui, ne pouvant voler, daigne marcher à pied.

Il est certain cependant qu'il se serait tué, malgré sa résignation reconnaissante, et comme il avait tenté deux fois de le faire, le premier jour de sa civilisation, si ses protecteurs n'avaient enlevé avec lui, — j'entends de force et sans lui faire autrement violence qu'en le ligotant et en le bâillonnant, — sa compagne d'enfance la jolie Kamalotutu, fille du chef d'une tribu voisine et amie, le célèbre Kiki-Chafoiroux. La jolie Kamalotutu avait juste seize ans aussi, c'est-à-dire était, dans ce beau pays de soleil, une femme dans son plus radieux épanouissement. Insouciante comme un oiseau de paradis, elle avait conservé toute sa gaieté, pourvu qu'elle vît, sans cesse, son bon ami Minafilou. C'était toujours un ruissellement de petites perles entre ses lèvres, un rayonnement éperdu de jeunesse sous ses paupières vibrantes, un frémissement de reflets d'azur dans sa chevelure noire et légèrement crespelée. Elle avait le plus admirable corps qu'on pût rêver et Minafilou, qui était poëte comme tout le monde là-bas, avait délicieusement comparé les luisants veloutés de son torse aux baisers de la lune sur les flancs d'une idole d'or. Cette merveille de chair jeune et ferme s'épanouissait, sur la poitrine, en deux bouquets de gloire et le noble pétard de la jolie Kamalotutu, — la mal nommée ! — était rond d'une rondeur savoureuse, copieux, d'une abondance tentante, pareil à un fruit géant roulé des cimes inaccessibles du Paradis.

Bien plus formée physiquement que son ami, elle était cependant infiniment plus enfant. Elle avait des cabrioles de ouistiti, des gaietés de bête en liberté, des exubérances à la fois comiques et gracieuses, des enivrements de grand air, des caprices de folle. On la laissait jouer parce que sans cela elle importunait tout le campement de ses désespoirs. Elle adorait taquiner le Révérend Igitur. Mais ce jour-là la taquinerie avait dépassé le but. En gambadant dans la salle de travail du Révérend, pendant que celui-ci se faisait faire mat par le colonel, n'avait-elle pas précipité de son pied, sur lequel elle était mobile, la mappemonde que le savant avait orientée pour la leçon, comme vous le savez ! Et la maudite mappemonde ne s'était-elle pas brisée en mille pièces que Kamalotutu commença d'ailleurs, d'instinct, à jeter au loin par la fenêtre et dans tous les sens, s'en remettant au hasard d'en expliquer la disparition !

Mais une idée plus ingénieuse lui vint ensuite. Le Révérend, qui avait la vue mauvaise et se plaçait fort loin, savait tellement par cœur le sujet de ses interrogations qu'il n'y regardait pas de bien près. Le pauvre Minaillou avait, comme vous le savez, les yeux bandés. Enfin la nuit tombait et les formes flottaient déjà, vagues, dans une sorte de pénombre.

Elle entendit marcher. C'étaient les pas du Révérend. Sa résolution devint soudaine. Elle retroussa vivement ses jupes, s'assit, en tournant le dos, sur le pied de la mappemonde, présentant ses propres et savoureuses rondeurs à la place des insipides reliefs du globe pulvérisé. La tête presque entre les jambes, dans cette pose accroupie, elle ne montrait guère davantage que ce qu'elle voulait ainsi montrer.

Aussi le Révérend Igitur entra-t-il sans s'apercevoir de rien, et alla-t-il s'asseoir, comme d'ordinaire, à l'autre bout de la salle déjà presque obscure, dans un large fauteuil où il avait l'air d'un Raminagrobis de gouttière avec ses favoris en poil de chat.

Ah ! le cœur battait à la jolie Kamalotutu, quand

le doux Minaflou fut amené avec son bandeau sur les yeux. Heureusement que le cœur ne bat pas du côté qu'elle tendait au jeune émule de Malte-Brun, qui ne se doutait guère, comme il nous arrive à tous, d'être si près du bonheur. Monté sur la petite estrade, le jeune prince eut un frémissement en touchant une mappemonde tiède et veloutée. Si son bandeau ne lui eût été ramené en partie sur les oreilles, en même temps que sur les yeux, ce qui diminuait sa subtilité auriculaire, certainement il eût entendu la pauvre Kamalotutu qui lui disait, sans s'en douter davantage, l'hémistiche de Victor Hugo: « C'est moi, ne le dis pas ! »

— Que sentez-vous, tout en haut? demanda le Révérend Igitur.

— De belles plaines légèrement vallonnées et les plus agréables du monde à parcourir.

— Le sioublime England! fit en se découvrant le Révérend. Et piou bas?

— Une façon de double creux à peine sensible.

— Lé Pétite France ! continua avec dédain l'interrogateur. Et encaore après ?

— Deux montagnes admirables où l'on voudrait vivre toujours, toutes veloutées de mousses fines.

Et le jeune Minaflou avait dit ces mots avec une telle vibration d'enthousiasme qu'Igitur en fut étonné lui-même et lui fit ce compliment :

— Je voâ qué vô aimerez le géographie! C'est les Pyrénées.

— Oh! oui! je l'aime ! soupira le prince tout bas, mais pas assez bas pour que Kamalotutu n'en ressentît un frisson de plaisir.

— Et ensuite ?

Le prince demeura un instant silencieux, et, d'une voix plus attendrie encore, presque hésitante :

— Et ensuite... Révérend... je rencontre un détroit.

— Aoh ! yès ! Gibraltar ! *God save the queen !* s'écria le Révérend.

— « Goutte ta vieille couenne ! » répondit encore l'Echo.

LA BELLE NORMANDE

LA BELLE NORMANDE

I

Dix-huit ans, une figure rose, poupine, imberbe encore, une éducation austère au fond d'un vieux château normand avec, pour maître, un précepteur qui en eût remontré à Jeanne d'Arc, tels étaient les traits principaux du signalement d'Éliacin Bitard, cousin de notre Cadet, et dont je vous veux conter la première aventure à Paris où il était venu commencer son droit sous les auspices de son oncle maternel, l'avocat Mouillevesse.

Il n'était question, à ce moment psychologique-là, en province surtout où l'on est particulièrement désœuvré, que de l'affaire Chauminet qui s'allait dénouer enfin devant les assises, après avoir passionné l'opinion publique au plus haut point. Il s'agissait, bien entendu, d'un mari et d'une femme — le ménage Chauminet, parbleu ! — qui s'étaient entendus pour assassiner l'amant, l'infortuné Escarolle. Ah ! les époux trompés de ce temps prennent une rude revanche et les cocus d'antan sont bien vengés. Le mariage a trouvé, dans l'assassinat, une réplique tragique au divorce. Comme le veut également l'usage, l'héroïne de ce drame sanglant s'appelait Gabrielle, et les journaux en avaient décrit voluptueusement les charmes. Une maîtresse dangereuse mais exquise. Éliacin Bitard, qui lisait les feuilles publiques, en cachette de son vertueux maître, s'était prodigieusement monté la tête pour elle. Ah ! s'il eût été déjà stagiaire ! Comme il aurait brigué l'honneur de défendre cette intéressante créature !

En attendant, il faisait le rêve plus simple de l'aller voir juger, puisqu'il arrivait à Paris à point pour cela. Son oncle Mouillevesse lui aurait certainement une de ces invitations aux premières de la Justice, bien autrement recherchées aujourd'hui que celles du théâtre. Car le marasme dans lequel le théâtre est tombé ne vient que de là. On joue mieux maintenant la comédie au Palais qu'au Théâtre-Français. La mise en scène y est parfaite et les sociétaires n'y sont préoccupées que de plaire aux spectateurs. On ne se tourmente pas assez de cette concurrence. Il faudrait, pour rétablir l'équilibre, que ces messieurs de la Maison de Molière fussent investis, en retour, d'une magistrature excédant la lecture des manuscrits, et connussent des délits de droit commun. Il ne me déplairait pas de m'entendre coller quelques jours de prison par Coquelin Cadet. Il aurait au moins le petit mot pour rire. Mais l'idéal eût été de se voir condamner à mort par Thiron.

Je reviens à notre Éliacin qui n'avait pas supposé, un seul instant, que le grave Mouillevesse gardât toutes les entrées de faveur dont il pouvait disposer à ce genre de représentations pour de jolies drôlesses de sa connaissance. Et le neveu respectueux était loin de soupçonner que son oncle fût un abominable gourgandin. Quand il s'ouvrit à celui-ci de son désir, l'avocat poussa les hauts cris :
— C'était vraiment bien la peine de l'avoir fait élever comme une petite fille pour lui mettre subitement, sous les yeux, le plus démoralisant des spectacles ! La place d'un jouvenceau pur encore n'était pas dans cet auditoire de repus et de blasés... Que penserait son vieux précepteur, s'il apprenait cela !

Éliacin reçut, sur des épaules résignées, cette fouaillée de morale. Mais il s'était juré de voir Gabrielle et de l'entendre raconter, de sa jolie bouche rose, comment elle avait tenu l'infortuné Escarolle par les oreilles, pendant que son mari lui ouvrait délicatement le ventre avec un sabre-baïonnette.

L'adolescent était malsainement mais éperdument fou, l'imagination lui flambant au cerveau comme une coulée d'alcool, de cette coquine qui avait tué le sourire aux lèvres et avait fait, à son amant, un chemin de baisers jusqu'à la mort.

Éliacin avait eu un ami, de trois ans plus âgé que lui et qui était maintenant avocat lui-même, l'excellent Pétaride, et s'en vint résolument le prier de lui prêter sa robe, ce jour-là, pour pénétrer, sous un déguisement professionnel, dans le prétoire. L'excellent Pétaride lui fit observer que les prêts de cette nature étaient sévèrement punis quand ils étaient découverts et qu'il l'exposait tout simplement à être rayé du tableau. Mais Éliacin était éloquent ; il pleura et Pétaride céda. Il emmena sournoisement le jeune Bitard au vestiaire et tous deux en sortirent en dissimulant un gros paquet. La robe du jeune avocat allait comme un gant à Éliacin. Elle lui collait presque à la taille. Un chapeau à plumes, comme c'est la mode, et l'on eût pu prendre Éliacin pour une jolie femme en deuil. Un vieux monsieur s'y trompa et suivit, un instant, sa voiture.

II

Une salle superbe. Un public select. L'entrée des assassins fut saluée par un courant manifeste de sympathie. Gabrielle avait une toilette ravissante et la portait avec une charmante gaminerie. Ce qu'elle vous arrangea l'infortuné Escarolle ! Un goujat qui refusait toujours de l'argent à son mari ! Chauminet aussi fit une excellente impression. Il avait l'air d'un homme franc et doux, un peu gêné peut-être dans ses affaires. Le sabre-baïonnette dont il s'était servi pour ouvrir la victime, était celui de son fusil de garde national pendant le siège de Paris. Ce détail, qui n'avait l'air de rien, fut d'un excellent effet en sa faveur. Le héros fit oublier, en lui, l'assassin. L'affaire prenait un tour très net. Un maladroit était venu déranger un ménage qui payait mal ses billets. Quand il fut avéré, pour le ménage, que le maladroit ne les payerait pas non plus, il châtia l'importun et vengea sur lui la morale. Bonne leçon pour les godelureaux !

L'opinion prenait ce courant, mais l'esprit d'Éliacin en suivait un autre. Gabrielle était décidément plus délicieuse encore qu'il ne l'avait rêvée. Elle serait acquittée certainement. Alors il l'arracherait lui-même, — légalement parlant, — à un époux indigne et la réhabiliterait en lui donnant son nom. Ce que c'est que d'avoir emmagasiné beaucoup d'innocence et d'ignorance du monde dans un vieux château normand, avec, pour maître, un précepteur qui en eût remontré à Jeanne d'Arc !

Il en était à ce point de son roman, tout en écoutant l'harmonieuse musique de la voix de Gabrielle, quand soudain il pâlit affreusement. Son oncle Mouillevesse était dans l'auditoire, entouré de petites dames très joyeuses, et fixait sur lui des yeux inquiétants. Le reconnaissait-il ? A cette pensée, une terreur folle s'empara d'Éliacin. Port illégal d'insignes professionnels !... La prison s'ouvrait béante devant lui, ouverte par la main vengeresse de son oncle irrité. Ses jambes se dérobaient sous lui. Il étouffait. Il lui était impossible de demeurer là davantage. En chancelant, à grand'peine il chercha et finit par trouver une issue. Il avait perdu sa toque dans l'encombrement. Heureusement l'excellent Pétaride avait laissé un large mouchoir dans la poche de sa robe. Éliacin s'en fit une coiffure qui dissimulait en partie ses traits. Il connaissait mal les êtres du Palais de Justice. Il erra de couloir en couloir, toujours affolé, traversa de petites cours et finit par aboutir à une dont l'entrée donnait sur le quai, en face du Châtelet, un peu après celle qui donne sur le Dépôt. Il était heureusement cinq heures passées et le temps était brumeux. C'était déjà une façon de nuit. Devant cette cour, particulièrement déserte et mélancolique, deux ou trois voitures stationnaient. Ne sachant plus ce qu'il faisait au juste, Éliacin se faufila dans une, à côté d'une grosse femme en bonnet et en tablier blanc, qui roupillait et qui, sans se réveiller tout à fait, murmura : — Faites donc attention, ma petite.

En même temps, sans qu'il eût donné d'ordre, le cocher partait. La voiture, qui faisait à peine un froufrou sur le pavé gras, prit le Pont-Neuf dans un grand clignotement de becs de gaz louchant dans le brouillard ; puis elle suivit encore un bout de quai et ne s'arrêta que dans une rue voisine de la place de la Bourse, devant une maison dont toutes les persiennes étaient closes.

Que faire ! Éliacin descendit machinalement suivi de la grosse femme en bonnet et en tablier blanc qu'il entendit se disputer avec une autre vieille dame, parce qu'on était resté trop longtemps. Tout cela dans une ombre traversée à peine de quelque lumière et de parfums affadissants, une écœurante parodie de cette *odor di femina* que les poètes ont justement chantée. Derrière les lumières des femmes passaient avec de longs peignoirs très ouverts, des chansons libertines aux lèvres, et plusieurs parurent belles à Éliacin toujours abasourdi sous sa robe d'avocat dont il relevait la jupe dans les escaliers et son mouchoir roulé autour de la tête, à la paysanne. Des regards curieux l'épiaient entre les portes. Il entendait murmurer : Quelle gaillarde! Il se demandait, inconscient de la vie parisienne, s'il rêvait et si quelque fée — beaucoup étaient de vieilles femmes — ne l'avait pas transporté dans un palais des *Mille et une Nuits* plein de sultanes et d'almées.

Il ne se trompait qu'à demi.

Au haut de l'escalier, il se sentit poussé dans une chambre dont le bec de gaz susurrait à peine dans une flamme bleue, et dont la porte se referma derrière lui. Quand il y eut fait plus de lumière, il vit une délicieuse toilette de femme et très décolletée sur son lit.

III

L'enchantement se compliquait en se prolongeant. Où diable était-il et comment finirait cette aventure? On devait l'attendre pour dîner chez son oncle Mouillevesse, à moins que celui-ci, l'ayant reconnu, ne le fit rechercher par la police. Un grand trouble se fit dans l'esprit d'Éliacin à la suite de tant d'impressions diverses. Une grande fatigue physique lui était aussi venue de toutes ces émotions. Écartant, de la couverture du lit, les belles jupes de soie, il y posa sa tête et s'endormit. Un rêve lui fit voir Gabrielle acquittée s'entendant, toujours souriante et gaie comme un pinson, avec son nouvel amant. Cette fois, pour empoisonner son mari. Ce qu'elle avait de grâce en composant une petite marmite aux allumettes ! Éliacin en était ému jusqu'aux larmes. Des bruits de voix très distincts passaient quelquefois dans ce songe, des éclats de rire, des chansons très risquées, un bouchon de champagne pétant par-ci par-là. Des pas s'approchèrent de la porte de sa chambre et la vieille dame qui se disputait tout à l'heure avec l'autre, en bonnet et en tablier blanc, disait : Venez voir, mon cher monsieur, la belle Normande qui nous est arrivée aujourd'hui !

La porte s'ouvre et Éliacin se trouve en face de son oncle Mouillevesse. — Ah ! ah !... on ne sait vraiment lequel des deux a l'air le plus embarrassé. Pour se donner une contenance, ils tombent dans les bras l'un de l'autre, comme s'ils ne s'étaient pas vus depuis dix ans. Cette scène de famille arrache des pleurs à tout le monde. La vieille dame, à qui tout est expliqué d'un mot, pleure de si grosses larmes qu'une autruche empaillée, qui se trouvait dans le vestibule, quitte son piédestal de bois pour venir les couver. L'oncle prête son paletôt au neveu pour sortir décemment. Tous deux se jurent une discrétion absolue. On n'oublie que la robe de l'excellent Pétaride qui, convaincu, à la suite d'une enquête, d'avoir prostitué la dignité de la toge dans un milieu de mauvaise compagnie, est rayé du tableau fort justement.

7.

ANTHROPOPHAGIE COMPAREE

ANTHROPOPHAGIE COMPARÉE

I

Il n'est gens m'inspirant une haine et une horreur telles que les explorateurs m'en inspirent, à commencer par le doux Christophe Colomb — scientifiquement seulement « le grand colon » — qui, entre deux omelettes, ne trouva rien de mieux à faire que d'ériger, au seuil de l'ancien monde, la menace conquérante d'un monde nouveau. Cet édifice élevé dans le sang ne saurait s'écrouler que sur nos propres ruines. La loi des revanches éternelles le veut ainsi. Car il est impossible de lire la conquête de l'Amérique par les Espagnols, même par un historien des plus désintéressés, sans un frémissement d'indignation et une profonde révolte de la conscience. C'est le plus monstrueux amas de crimes et d'injustices qu'on rencontre, dans la légende, cependant effroyable, de l'humanité. Tu n'avais pas prévu tout cela, Christophe, que l'Église, dont les besoins de gloire humaine touchent au cynisme, nous menace de béatifier. « Il fallait y penser », vieux bourreau, comme tu le répondis si bien toi-même aux braves gens indignés de te voir tricher au jeu des œufs durs. Tu te trompes beaucoup si tu comptes sur moi pour ajouter à nos litanies ta détestable mémoire.

Je n'excepte de ma réprobation aucun de ceux qu'agite cette dangereuse folie et je trouve que les missionnaires paient insuffisamment de leur sang leur impiété envers l'auguste Nature qui, sans doute, a donné à chaque peuple le culte convenant à sa santé et à son climat. Ils ne manquent jamais d'appeler le bruit du canon à la rescousse de la bonne parole, ces commis-voyageurs de la Foi, avant-garde consciente des trafiquants et des marchands de chair. Ils sont bien faits à l'image du « Bon Pasteur » qu'on nous montre portant sur ses épaules et caressant l'agneau qu'il vendra au boucher demain. Je me réjouis à voir leur hypocrite fantôme se débattre dans de légitimes supplices. Et, pour tout dire, il me faut la croix, l'éponge de fiel, le flanc troué d'une lance, et surtout l'amour de

Madeleine, pour pardonner à leur maître l'orgueilleuse fantaisie d'un unique évangile apprenant son nom à des peuples qui n'en avaient que faire et qui en avaient bien assez de leurs dieux. A cette pernicieuse furie du christianisme qui poursuit la liberté jusqu'aux arcanes sacrés des âmes, combien je préfère le sage paganisme latin admettant les divinités nouvelles à l'hospitalité triomphante de son Olympe rajeuni ! On peut dire que la croix, promenée par le monde, a fait couler plus de sang innocent que l'épée.

L'immonde Angleterre, que sa situation géographique condamne à vivre de cette proie lointaine et de la conquête rapace des terres immaculées, est au premier rang dans l'emploi de cette arme, dont l'image du martyr est tombée depuis longtemps, et qui ne rappelle plus que le pommeau d'un glaive planté au cœur révolté des races. Nous en venons de voir un bel exemple et le Stanley vient de vendre une fière mèche de la lampe civilisatrice, laquelle n'est que la torche destructive des iconoclastes et des incendiaires. Le beau démêlé qu'a ce grand homme, ce nouvel Alexandre, avec ses lieutenants vivants ou morts, et la belle leçon pour les enthousiastes de voyages ! *Et nunc erudimini !* mes petits compères qui admirez ces sinistres villégiateurs ! Les voilà qui se jettent de la boue et du sang au visage ! Dans ce handicap à l'infamie, il faut convenir d'ailleurs que jusqu'ici l'excellent Jameson paraît arriver bon premier, celui qui croquait les croqueurs de jeunes filles et offrait des repas de cannibale à son crayon. Il sait bien que notre précieux Louis David esquissait aussi les condamnés de la Terreur au passage et dans le pittoresque décor de la charrette. Mais il a les circonstances atténuantes, à son actif, de quelques portraits immortels, tandis que ce Jameson est, paraît-il, en dehors de son abominable nature, un artiste sans aucun talent. O glorieux flambeau des modernes lumières, la scène admirable que tu éclaires de cette vierge criant sous le couteau des cuisiniers pour l'amusement des feuilleteurs des *Magazines !* Ah! le beau tableau que j'aimerais faire des explorateurs fouaillés au visage par leurs tripes saignantes !

II

J'en étais là de mon anathème quand mon débonnaire ami, le marquis Anatole Poussevent de la Hallopay, appartenant à la vieille noblesse d'Anjou, d'après les derniers travaux du plus spirituel des Parisiens qui est, en même temps, un érudit, m'interrompit avec un bon sourire sur les lèvres :

— Vous allez vous flanquer une congestion, mon doux Silvestre, me dit-il, et il n'est que temps de vous distraire de votre colère en vous contant quelque aventure joyeuse inspirée par les faits eux-mêmes qui vous indignent si justement. Car vous savez qu'il n'est chose si tragique qui n'ait son envers de comédie et que toute ombre suppose une lumière de l'autre côté. J'ai dans la mémoire ce petit rayon de soleil qui dissipera les nuées dont votre esprit est assombri. Une bonne histoire de cannibale dont je vous garantis l'authenticité, en ayant été moi-même un des témoins, sinon le héros. Mais auparavant buvons ensemble à la destruction du dernier explorateur, et à la santé du Koch français, — voire du coq gaulois — qui trouvera l'antibacille de l'exportation religieuse et de la contagion civilisatrice.

Tous mes cochons d'Inde à cet homme de bien !

Et, ayant choqué son verre contre le mien, mon débonnaire ami le marquis Anatole Poussevent de la Hallopay continua comme il suit.

III

— Vous vous rappelez comment, surpris par une tribu anthropophage, j'avais sauvé ma propre vie ? Non ? Eh bien, cela peut se dire en deux mots. Ayant été l'homme de Paris qui avait le mieux mangé, j'avais résolu de m'expatrier quand l'état de ma fortune ne me permettrait plus de traiter mon estomac avec les mêmes prévenances gastronomiques et respectueuses. Ce moment était venu. N'ayant plus de quoi acheter de truffes dans l'ancien monde, je me décidai à aller en chercher dans le nouveau. Je venais d'en faire une assez belle moisson au pied d'un chêne, quand je me sentis appréhendé par des gaillards que j'avais d'abord pris pour des singes, en les voyant se balader parmi les branches d'arbres. C'étaient des cannibales, mon ami, et leur chef Ok'Ouyapapa, après m'avoir tâté, lui-même, les faux filets, fit une petite grimace de dégustateur qui me fit froid dans le dos, comme si on eût déjà couché ma moelle sur mes propres rump-steaks. Il pouvait être cinq heures. Ces messieurs prirent leur absinthe dans des noix de coco, cependant que des mitrons, plus barbouillés que ceux du grand Ribot lui-même, agitaient, sous mon nez, la rôtissoire qui m'allait servir de bière et les casseroles où allaient rissoler mes abatis. Bien que j'aime à avoir les pieds chauds, je me sentais désagréablement ému à cette idée. Mes instincts de gastronome prirent cependant le dessus sur mon inquiétude naturelle. Je n'entendais pas être mangé comme un gibier sans valeur. Brisant mes liens, je m'élançai aux fourneaux. J'avais quelques épices et menues provisions dans mon sac d'explorateur. J'en saupoudrai un roux insuffisant où j'allais descendre. J'y découpai mes truffes si chèrement conquises, en noires hosties, et j'y versai un flacon de madère qui ne me quittait jamais. Tous me contemplaient avec une curiosité recueillie, humiliés, dans leur naïve conscience, devant ce véritable instrument de civilisation et de fraternité parmi les hommes, lequel est, non pas la même religion, mais bien la même cuisine. Le grand Ok'Ouyapapa, lui-même, se leva de son coussin de plumes de perroquet et vint renifler ma liaison — car j'avais ajouté à mon roux le jaune d'un œuf d'autruche. Un tel parfum lui monta au nez que ses narines s'ouvrirent comme des portes cochères et qu'une petite fumée d'oignon revenu dans la graisse de crocodile lui fit monter de petites larmes dans les yeux. Avec un attendrissement fou il me regardait et cette contemplation profondément sympathique voulait assurément dire : — Je me priverais d'un tel cuisinier qui sera la consolation de ma vieillesse !

Il vint à moi, m'embrassa et m'exprima qu'il allait faire mijoter un autre que moi dans ma sauce. En effet, sur un simple signe de sa main auguste, son premier ministre Ramolino Gaga fut assommé à coups de matraque et proprement détaillé. Je lui plantai au derrière quelques clous de girofle, ce qui acheva de lui donner un goût vraiment délicieux. Mon bienfaiteur voulait absolument que je m'en servisse une escalope. J'objectai des scrupules professionnels et je pris simplement la place du défunt, dans son ministère et dans son amitié. Cinq ans se passèrent ainsi. Les cabinets sont stables là-bas.

IV

Ok'Ouyapapa, se sentant vieillir, presque aveugle et de sens très émoussés, rêvait depuis longtemps de se ragaillardir par un repas singulièrement somptueux et délicat. Une vierge de quatorze ans devait lui être servie en daube et était précieusement nourrie dans ce but. On me forçait à aller vérifier, chaque jour, les progrès savoureux de son embonpoint. Ce m'était une source d'idées où la gastronomie ne tenait aucune place. Cette belle fleur de chair me grisait de convoitises aussi peu culinaires que possible. Délivrer Kadénéné — ainsi s'appelait cette nouvelle Iphigénie — et fuir avec elle loin des fourneaux et des commissions parlementaires, était mon unique pensée. Il fallait qu'elle partît la première et que je décampasse à mon tour seulement pendant la digestion du fameux dîner où je la devais remplacer par quelque autre victuaille mensongère. Je gagnai le nègre Okeltutu qui était mon sous-gargotier ordinaire. Il fit échapper Kadénéné sous prétexte de s'enfermer avec elle pour la saigner componctueusement. Moi, de mes provisions européennes, il me restait une vingtaine de vols-au-vent de charcuterie conservée dans des boîtes. Je vidai toute celle-ci dans une énorme chaudière, avec feu clair dessous et feu de braise dessus, de façon à composer un immense ragoût, où les membres de la jeune fille se seraient emmêlés dans un mijotage monstrueux. C'est que ce sacré Ok'Ouyapapa avait une certaine méfiance.

Connaissant ma galanterie naturelle, il avait deviné qu'il me répugnait de mettre en salmis une pucelle et craignait que je ne lui substituasse un petit garçon du même âge, ce qui, comme chacun le sait, est infiniment moins délicat, dans les parties rissolées surtout.

Enfin, le plat magnifique fut servi. Mon bienfaiteur parut le trouver délicieux, en tant qu'assaisonnement, mais un souci visible le préoccupait. Dans les morceaux informes il cherchait, malgré lui, à reconstituer les parties du corps de la jeune fille auxquelles ils avaient appartenu. Tout à coup sa fourchette, faite de trois dents de caïman, piqua dans une saucisse de Strasbourg obstinément demeurée dans sa rigidité et dans sa forme premières.

— Ah ! fit-il.

Et je lus une telle indignation dans les reproches de son regard, que je pris mes jambes à mon cou et allai rejoindre Kadénéné que je dévorai... de baisers.

L'HORLOGE

L'HORLOGE

I

Un véritable érudit, doublé d'un écrivain élégant, mon ami Victor de Swarte, vient de publier, sur les *Financiers amateurs d'art* des trois derniers siècles, une étude très curieusement documentaire et intéressante. Elle aurait pu s'appeler « La Revanche de Plutus ». Car on y voit les services que l'argent rendit à notre art national entre des mains noblement dissipatrices, et que l'initiative privée peut davantage encore que la protection de l'État, même quand celui-ci est représenté par un roi jouant au Mécène. Je recommande cette série de beaux exemples à nos modernes fesse-mathieux dont bien peu savent faire un noble emploi de leur fortune. Je brise entre mes doigts la plume de Juvénal, pour reprendre le chalumeau léger qui conte mes histoires ordinaires. Dans le livre de Victor de Swarte vous trouverez aussi quelques joyeuses histoires d'un temps où l'on savait rire encore; car ces prodigues étaient des joyeux et l'or tombait de leur bourse avec un cliquetis de belle humeur. Une des plus amusantes, parmi ces aventures notées au passage, est celle de Mimi Dancourt, petite-fille de l'auteur comique, et devenue la légitime épouse du célèbre fermier général Alexandre-Jean-Joseph de la Poupelinière, de par la volonté de madame de Tencin. Cette aimable personne — c'est Mimi Dancourt que je veux dire — après avoir été une maîtresse fidèle, était devenue une épouse légère et la maîtresse du duc de Richelieu. Pour recevoir plus commodément son amant, elle avait ouvragé et dissimulé derrière une plaque tournante un escalier donnant, par la cheminée, dans sa propre chambre. Les savants sont gais quelquefois. Le célèbre Vaucanson, en expliquant à l'époux outragé le mécanisme de ce chef-d'œuvre, voulait absolument lui faire partager son enthousiasme pour celui qui l'avait construit. Mais La Poupelinière riait jaune et vous envoya la péronnelle mourir en province avec une médiocre pension.

J'ai pris grand plaisir à cette anecdote galante, laquelle n'est pas la seule contenue dans cet aimable volume que tous les vrais lettrés rechercheront, et elle m'en a remis une autre en mémoire que je vous veux conter aussi.

II

Ce n'était pas un fermier général que Thomas Chafoiroux, mais il était cocu tout de même — coucou, comme on dit dans la campagne — et volontiers ses voisins chantaient-ils, en le regardant passer, avec une méchante gaieté dans les yeux, cette jolie chanson qui pourrait bien être de Rétif de la Bretonne :

> Les coucous sont gras
> Parce qu'on en tu' guère,
> Les coucous sont gras
> Parce qu'on en tu' pas.
> — La crainte que l'on a
> C'est de tuer son père,
> Son cousin germain,
> Son oncle et son frère.
> — Les coucous sont gras, etc.

d'autant que l'instrument du « cocuage », comme disait Rabelais, pour le fâcheux Chafoiroux, était, non pas un escalier mystérieux, mais une de ces hautes horloges en bois qu'on remonte avec des poids, juchées en haut d'une façon d'armoire portant une ouverture circulaire permettant de saisir lesdits poids pour remonter le mouvement. Celle-ci était de bois crasseux, relativement spacieuse, décorée de fleurettes bleues à demi effacées, ne sonnant qu'aux heures d'une sonnerie enrouée par les rouilles automnales, ornement principal d'une de ces pièces immenses qui servent d'appartement entier aux paysans, adossée à un mur léger, mitoyen avec la maison pareille de Pierre Bistouille. Mais les deux voisins ne frayaient pas ensemble. Chafoiroux s'était vite aperçu des assiduités de Bistouille auprès de sa femme et l'avait mis à la porte de chez lui, ce qui avait également contrarié Bistouille et madame Chafoiroux. Car rien n'était mieux fondé que la jalousie du premier à l'endroit du second. Bistouille était bien l'ouvrier du déshonneur de Chafoiroux.

Et sa besogne n'avait rien de déplaisant, je vous jure. Un homme de bien goûte toujours un plaisir honnête à savourer, dans l'intimité caressante et tiède des draps, le toucher savoureux de belles chairs fermes et blanches comme en avait cette infidèle épouse, bien ramassées et abondantes aux bons endroits, rebondissantes sous la main, doucement duvetées, de ce beau velours vivant qui donne des frissons. Ce n'est pas non plus régal d'indigent qu'une bouche bien façonnée aux baisers toujours prêts à devenir de délicieuses morsures, qu'une belle chevelure brune se répandant en ondes sur l'oreiller, que de mignonnes petites oreilles roses et nacrées comme des coquillages. Bistouille avait possédé tout cela, plus un véritable trésor de tendresse sincère, dans la grassouillette, copieuse et benoîte personne de madame Chafoiroux, et il n'était nullement disposé à y renoncer, pour la mauvaise humeur de celui-ci, d'autant que sa bonne amie partageait les mêmes sentiments de révolte et le même désir fou de poursuivre l'œuvre commencé.

L'idée — une idée de génie — vint d'elle. Tout doucement Bistouille démolit le mur mitoyen, pierre à pierre, quand tous les voisins étaient aux champs, derrière le fameux coucou dont j'ai parlé plus haut, découpant la cloison dans la même forme ; et celle-ci fut remplacée par une porte de bois très léger, peinte de même couleur que le mur au dehors, que le bois de l'horloge en dedans et donnant dans l'armoire qui soutenait le cadran. Celle-ci ayant aussi, comme un placard, une issue par devant, était devenue une façon de vestibule permettant de passer d'une maison dans l'autre, sans qu'aucune porte ou aucune fenêtre en fût remuée.

Alors recommença, pour les deux amants, une vie d'une douceur extrême, avec l'agrément en plus de devoir à une invention d'une subtilité honorable l'usage du fruit défendu. Dès que Chafoiroux était retourné à ses vignes, un signal, frappé au mur, avertissait Bistouille qui pénétrait par où vous savez, refermant derrière lui la porte par un invisible loquet et regagnant ses lares par le même chemin, aussitôt que devenait imminent le retour du mari.

III

La nuit allait venir et les deux amants se lutinaient, au coin de la haute cheminée, après une belle chevauchée amoureuse dans le lit encore grand ouvert, quand les pas lourds et ensabotés de Chafoiroux retentirent derrière les volets. Bistouille voulut regagner rapidement son gîte. Mais, dans son empressement affolé, au lieu d'entrer par devant et de face, dans l'armoire, comme il en avait coutume, il s'y laissa pousser par le dos et en arrière par madame Chafoiroux, également impatiente de le voir disparaître. Elle repoussa vivement l'huis extérieur devant lui, pour le faire disparaître. Mais l'armoire était ainsi faite qu'elle pouvait bien servir de passage à Bistouille, mais qu'une fois dedans il lui était impossible de s'y retourner. Ses coudes captifs lui faisaient, à lui-même, une barrière. Aucun moyen de faire jouer le petit loquet qu'il avait dans le dos. Il était absolument prisonnier dans l'horloge, tout mouvement violent lui étant également interdit pour sortir de cette fâcheuse situation. Telle une momie dans un sarcophage historié de chats et d'ibis. Il allait passer une jolie nuit, le pauvre diable, s'il lui fallait attendre le lendemain matin pour sortir de sa cachette. Lazare ne s'embêtait pas davantage dans son cercueil en attendant l'appel du Christ au bord de son tombeau.

Chafoiroux, par hasard, était d'humeur joviale et

manifesta, dès son entrée, d'intentions tout à fait entreprenantes à l'endroit de sa moitié. C'était bien le couronnement de l'édifice d'infortunes qui allait s'écrouler sur la tête coupable de Bistouille. D'autant que celui-ci s'aperçut vite que madame Chafoiroux, d'ordinaire revêche avec son mari, était, par crainte, prête à tout accorder. Elle lui fit mille cajoleries hypocrites en lui servant sa soupe et en la partageant avec lui. Après quoi tous les deux se mirent au lit et, bien que la chandelle fût soufflée, Bistouille ne perdit aucun détail d'un entretien où les mots ne jouaient pas le plus grand rôle. Il enrageait de ce spectacle que ses yeux devinaient dans l'ombre et, plein des fougues aveugles de la jeunesse, en était physiquement et inopportunément ému.

— Il me semble que le coucou ne sonne pas, fit tout à coup Chafoiroux, après un silence plein de soupirs satisfaits.

En effet, la présence de Bistouille dans l'horloge ne favorisait pas précisément le libre jeu du balancier.

— Mais si! mais si! mon ami, répondit anxieusement madame Chafoiroux.

La terreur inspira à Bistouille trois petits soupirs intestinaux qui vinrent fort à point. Cela fit : Prout! prout! prout! coup sur coup.

— Entendez plutôt! fit l'épouse triomphante.

Mais l'époux reprit :

— Le coucou est encore plus enroué que d'habitude. Il a quelque chose de dérangé certainement.

Et malgré les efforts de sa femme, qui eut cependant le temps de faire disparaître les allumettes, à tâtons, dans la nuit, Chafoiroux s'élança du lit et courut au coucou, plongea sa main dans la grande ouverture centrale par où on le remontait. Mais il poussa un cri... puis un grand éclat de rire :

— Ah! ah! ah! fit-il. Je crois bien! Figure-toi, ma bonne, que le poids est en travers!

A son tour, madame Chafoiroux sauta du lit.

— Laissez-moi voir! dit-elle.

Elle eut un sursaut aussi, en mettant la main au même endroit. Mais, le réprimant vite, et reprenant toute sa présence d'esprit, elle passa légèrement le bras derrière le prisonnier et fit jouer le loquet, ce qui permit à Bistouille de disparaître, ce qu'il fit en lâchant, par effroi, une quatrième pétarade.

— Bon! la demie, fit Chafoiroux. Cinq minutes après l'heure! Tout est détraqué décidément.

Et il ajouta :

— Ça sent affreusement le moisi.

— Vous êtes fou, lui dit sa femme.

Ah! comme vite elle sut retrouver les allumettes pour lui montrer sa béjaune et que le poids était bien à sa place!

— C'est égal, fit en se retournant dans la ruelle, pour dormir, Chafoiroux rasséréné, je ne m'habituerai jamais à entendre un coucou sonner ainsi!

L'ONCLE ZACHARIE

L'ONCLE ZACHARIE

I

L'Alsace était française encore en ce temps-là et, par une matinée radieuse de printemps, dans une harmonieuse gaieté de l'air plein d'oiseaux, passait le recueillement, plein de chuchotements et d'éclats de rire, des gens de la noce, à travers les rues dont les fenêtres s'ouvraient ou faisaient palpiter leurs rideaux. Isaac Blomher et Lia Shoumach ortaient de la synagogue, suivis de leurs parents et amis, tous bons israélites comme eux et sincèrement heureux de leur bonheur. C'est que leur mariage n'avait pas été tout seul, en dépit de leur sincère et honnête tendresse. Si éperdument amoureux qu'il fût, Isaac ne pouvait songer à épouser une jeune fille qui n'apportât quelque argent dans son « bédit gommerce » et ce n'était que fort tard que l'oncle Zacharie, unique parent survivant de la belle Lia, s'était décidé à promettre dix mille francs, le jour où leur viendrait un premier enfant, ce qui ne pouvait tarder, étant données leurs mutuelles et excellentes dispositions. C'est que l'oncle Zacharie était, avant tout, dévoué à la reproduction de la race. Il entendait avoir des petits-neveux qui devinssent, à leur tour, changeurs ou orfèvres. Sa promesse avait décidé les parents d'Isaac et, je vous le dis, c'était une grande joie sur le chemin où l'âme d'Avril battait doucement des ailes, ouvrant les ailes des premiers papillons et les calices des premières roses. Eux aussi, les nouveaux mariés, avaient l'air de ces fleurs et de ces êtres que le soleil épanouit. Eux aussi portaient le printemps sur leurs visages rosés par les souffles, vifs encore, de l'air, dans leurs cheveux frémissant comme de menus feuillages. Isaac était beau de vigueur et de jeunesse. Mais les charmes de Lia méritent une moins sommaire description. Le lys de Saaron n'était pas plus blanc que son teint où couraient, dans la neige vivante, de minces filets d'azur ; et sa chevelure sombre, lourde, débordante sur le front étroit, comme une avalanche d'ombre, était plus noire que celle de la reine de Saba. Le type, dans sa pureté originelle, en faisait l'image rajeunie des Rébeccas à la fontaine où des Bethsabées rêvant dans les jardins. Ruth ne pouvait sourire d'un sourire plus ingénu dans l'or répandu déjà de la moisson commencée. L'apothéose biblique la nimbait tout entière dans la grâce souple de son corps et dans l'exquise pudeur de sa démarche. Elle était comme un parfum de cinname s'enroulant dans l'air en fumées ondulantes. La caresse de ses regards s'aiguisait et s'attendrissait tout ensemble au frémissement de ses longs cils.

Et dire que tout cela eût été perdu pour le pauvre Isaac si l'oncle Zacharie n'avait pris pitié de leur détresse, sans délier toutefois immédiatement les cordons de sa bourse, lesquels étaient loin d'être usés bien qu'elle lui servît depuis longtemps.

II

Je ne m'attarderai pas à dire les bonheurs qui suivirent cet heureux hyménée. L'été était venu, apportant la nonchalance délicieuse de ses après-midi ensoleillées, le recueillement tentateur de ses nuits pleines d'étoiles et la persuasion doucement perverse des aromes montant des jardins épanouis; puis l'automne, avec ses mélancolies déjà douces à ceux qui, sur leur chemin fleuri d'espérance, ont de quoi se souvenir, l'automne couché dans le lit d'or des frondaisons brûlées et qui nous est comme le remords, comme l'aiguillon de tous les plaisirs oubliés en route ; l'automne qui tend, entre les feuillages, des rideaux de mousseline tout diamantés de gouttelettes de rosée qui semblent des larmes de plaisir. Et l'hiver même, sous son méchant manteau de frimas et malgré la serpe aiguisée de ses givres, leur avait apporté des joies nouvelles et inconnues, les pressant de plus près l'un contre l'autre dans la tiédeur ambiante du foyer où leurs yeux suivaient les mêmes étincelles, leur faisant trouver trop large encore la couche bien chaude où leurs membres s'enlaçaient dans un bien-être paresseux. On eût compté plus aisément les grains de sable de la mer que les baisers qu'ils se donnèrent, durant ces mois aux délices variées, et les vagues de la mer avaient elles aussi moins de replis que leurs corps ne s'étaient mêlés dans des caresses infinies.

Est-ce l'excès même de ces joies légitimes qui les avait rendues infécondes ? Toujours est-il que neuf mois, puis dix étaient passés qu'aucun petit changeur ou orfèvre n'avait tressailli encore dans les entrailles de cette Sarah nouvelle dont l'Abraham n'avait cependant que vingt ans. Ou bien était-ce que Lia, dans sa beauté parfaite, réalisait un de ces modèles accomplis au delà desquels la Nature refuse de rien tenter ? Car vous avez remarqué, comme moi, que ce sont souvent les femmes absolument belles qui sont stériles. Or, ceci prouve que, dans les vues immortelles dont nous sommes régis, l'embellissement de la race est le vrai but, toute création nouvelle semblant jugée inutile quand elle ne saurait faire mieux. Ceci confirmerait joliment ma définition de l'Amour, lequel n'est, à mon avis, que la recherche passionnée d'une forme supérieure dans laquelle revivra notre limon ennobli. Le culte de la beauté, dans la femme, ne signifie pas autre chose. Les plus grands ennemis de l'humanité sont ceux qui s'y soustraient, et je ne connais pas de pires canailles, de malfaiteurs plus dangereux que les misérables qui se mésallient, qui se profanent avec des femmes moins bien qu'eux-mêmes et nous jettent dans les jambes des malingreux, des culs-de-jatte et d'autres immondes magots.

Ce point d'esthétique conjugale et concubinale éclairci, je reviens à la fâcheuse infécondité de la toute belle Léa.

Elle créait, à vrai dire, au jeune ménage, un embarras considérable. Comptable très précis, Isaac avait remis le paiement d'un billet considérable à treize mois, après son mariage, convaincu que l'oncle Zacharie, un peu bourrique, mais fidèle à sa parole, aurait été tenu de s'exécuter d'ici là. Avec l'avance qui lui avait été faite ainsi par un coreligionnaire qui n'entendait pas raillerie sur ses rentrées, il avait pu approvisionner son petit magasin de fausses pierreries dont il faisait son commerce ordinaire. Mais que l'effet vînt à l'échéance sans être dûment payé, et c'en était fait de sa situation, sans compter son honneur de débitant auquel il tenait beaucoup. Il fallait que les dix mille francs vinssent d'ici là. Quand il essaya d'insinuer à l'oncle Zacharie qu'il aurait grand plaisir à les recevoir, celui-ci se contenta de lui répondre :

— Fais des enfants, mon gaillard. Je n'aime pas les paresseux.

III

Et le petit papier timbré, à l'effigie de la Loi, lui semblait déjà pointer au loin à l'horizon, comme une méchante hirondelle, comme un oiseau de malheur. Car ces petites feuilles ailées qui nous reviennent avec une fidélité navrante sont bien la plus incommode espèce de pigeons voyageurs. Trente jours encore et un monsieur tout de noir vêtu allait lâcher cet exécrable volatile de sa cage. Coût : sept francs cinquante pour entrer en matière. Et la faillite après. Le malheureux Isaac n'en dormait plus, et ces insomnies douloureuses n'étaient même pas profitables à l'Amour. Souci d'argent est le plus grand ennemi que je sache de l'amoureuse félicité! C'est donc un bien grand tort aux courtisanes de compliquer notre bonheur de cette insipide et malséante préoccupation. C'est un mauvais dîner que celui dont l'addition nous inquiète. Perdez cette dégradante habitude, mesdames, et très préjudiciable à vos personnelles voluptés, de faire tinter, dans la musique divine des baisers, l'écho des bruits que fait le métal immonde. J'ai dit, et j'entends applaudir mon discours dans toutes les garennes du département.

Était-ce Lia — car les femmes sont plus subtiles que nous, si innocentes qu'elles nous semblent encore — était-ce son propre génie et le désespoir qui avaient inspiré Isaac? Mais très résolument, un matin — avril était revenu, mais non plus la gaieté des noces dans les rues où toutes les fenêtres faisaient palpiter leurs rideaux — Isaac s'en vint trouver l'oncle Zacharie et lui avoua, sans détour, qu'il avait un aveu pénible à lui faire.

— Je sais, dit le vieux, en fronçant ses durs sourcils, vous allez m'avouer que vous n'avez pas d'argent?

— C'est pis que cela! fit Isaac en poussant un énorme soupir.

— Vous savez ce que vous avez à faire pour que je vous en donne?

— C'est précisément que je ne peux pas le faire! continua Isaac en semblant éclater de douleur.

L'oncle le regarda avec stupeur.

— Et que vous manque-t-il pour cela?

Isaac laissa tomber ses deux mains le long de ses cuisses et, baissant la tête :

— Tout.

Le vieux Zacharie bondit :

— Misérable! murmura-t-il dans un étouffement.

— Écoutez-moi, mon père (les oncles montent en grade quand on a besoin de leur argent), reprit Isaac avec un abattement navrant dans l'accent. C'est le jour même de mon mariage et trop tard pour le rompre que m'est arrivé ce funeste accident. Vous vous rappelez peut-être que j'ai quitté la noce un instant... comme tout le monde... après la longueur de la cérémonie. Je m'engageai, par un excès de pudeur, dans une palissade dont les planches mal jointes donnaient sur un terrain vague et plein d'animaux domestiques... des cochons y grognaient... des poules y gloussaient...

Isaac acheva si bas sa confession que je n'en saurai redire les termes. Mais ouvrons l'admirable *Tobie* de Maurice Bouchor, et notez-y ce vers dit par le mauvais esprit :

Un vorace dindon me priva de mon sexe.

J'aurai eu le plaisir de vous faire dire par un poète, et des plus éthérés, ce que je me trouvais fort embarrassé de vous exprimer moi-même, pauvre prosateur pudibond, et ce qui faisait le fond du récit interrompu d'Isaac.

Le divorce n'était pas encore inventé ; l'oncle Zacharie n'eut donc d'autre ressource que de déchirer ses habits qui l'étaient déjà par vétusté, et que de se mettre un peu de la cendre de sa pipe sur la tête, suivant la formule consacrée du désespoir israélite.

— Calmez-vous, mon oncle, supplia Isaac épouvanté et en éternuant (car il avait reçu un peu de cendre dans le nez), il y a un remède.

— Oui, mon neveu. C'est de vous laisser faire cocu. Je vais vous chercher ça.

Ce fut au tour d'Isaac de bondir et de chiffonner le devant de sa veste.

— Non ! non ! mon oncle ! pas ça ! Plutôt la mort ! La vôtre, par exemple, qui réparerait tout.

— Hum ! fit Zacharie en reculant avec inquiétude.

Isaac lui parla alors d'un praticien célèbre de Paris, dont on lui avait donné le nom et l'adresse et qui excellait à faire le genre de réparation qui lui était nécessaire, à rebouter l'espèce d'entorse dont il souffrait, un dentiste comme il en aurait fallu un à Boileau-Despréaux, un spécialiste pour les culs-de-jatte de sa catégorie à qui il reste deux jambes encore. Vingt jours de traitement et Héloïse n'allait plus au Paraclet !

L'oncle écoutait avec une admiration incrédule.

— Et combien demande-t-il pour rhabiller cette sorte de montre ? fit-il enfin.

— Dix mille francs.

Le vieux faillit tomber à la renverse. Mais Isaac fut étrangement éloquent. C'était le seul moyen d'avoir les petits-neveux tant attendus... Le malheureux Zacharie était aux champs. Les oreilles lui bourdonnaient. Ses jambes se dérobaient dans son pantalon comme dans les tiges de sureau dont on chasse la moelle. Chancelant, ne sachant plus certainement ce qu'il faisait, il trébucha jusqu'à son coffre-fort, l'ouvrit en murmurant le nom d'Abraham, en tira les dix mille francs, y ajouta quelques larmes, et jeta le tout dans les mains tendues d'Isaac, en même temps qu'il lui faisait pleuvoir, sur la tête, ses malédictions.

A peine dans la rue, celui-ci exécuta une pyrrhique de réjouissance, tout à fait incongrue.

IV

Lia voulut accompagner son mari à Paris. Tous deux y firent la noce avec l'argent de l'oncle Zacharie. Ils mangèrent bien, burent sec, coururent les bastringues, s'émancipèrent en vrais provinciaux qui ne savent quand ils y reviendront. Cela dura une vingtaine de jours à cinq cents francs par jour. Vous voyez le compte. Les juifs prodigues ne sont pas rares aujourd'hui, et j'en sais qui sont les meilleurs vivants du monde, voire les plus obligeants. Pour leur excuse, ils avaient trouvé des amis qui les aidèrent à faire ces folies. Il fallut réintégrer la petite ville d'Alsace. Quant au billet fatal, on n'y avait plus pensé. Il était imminent cependant et dans dix jours ferait son petit salut à la compagnie. Isaac chassa cette importune pensée. L'oncle Zacharie l'attendait à la gare.

— Eh bien?

— Succès éclatant! s'écria joyeusement Isaac.

— C'est admirable! répéta Lia à qui il avait fait la leçon.

— Comme avant le malheur?

— Mieux!

Un éclair de curiosité brilla dans les yeux du vieillard. Quand ils furent à la maison, cependant que Lia embrassait son chien et son chat, Zacharie prit Isaac sous le bras et lui murmura quelque chose à l'oreille. Celui-ci fit d'abord la pantomime de refuser, mais Zacharie insista d'un accent sans réplique :

— J'ai bien le droit, fit-il brutalement, de m'assurer moi-même.

Tous deux entrèrent dans la chambre d'Isaac, et l'on entendit, derrière eux, le verrou se fermer. Puis ce fut un silence, dans ce coin de la maison, tandis qu'en bas le chien jappait, le chat miaulait et Lia leur partageait ses attendrissements.

— Crac !

Le verrou a été retiré, la porte s'ouvre, et l'on n'entend que ces mots prononcés par l'oncle Zacharie :

— C'est égal, pour dix mille francs ! c'est joliment mesquin !

Et il rentra chez lui si désolé d'avoir payé trop cher qu'il en mourut dans la semaine, ce qui permit à son héritier Isaac de faire honneur à sa signature. Il mourut trop tôt. Car Lia eut un enfant, huit mois après, qui ressemblait comme deux gouttes d'eau à un des amis que le jeune ménage avait faits à Paris.

LES TROIS HUSSARDS

LES TROIS HUSSARDS

I

Dans un somptueux volume — dans un superbe album plutôt — Gustave Nadaud vient de publier ses « Dernières chansons ». Que ce titre mélancolique ne vous épouvante ! Le ton de ce recueil aimable n'est, Dieu merci ! pas d'un testament. Le poète populaire y garde son immortelle gaieté. J'ai une admiration pleine de sympathie pour ce vaillant qui chante encore, — à qui l'été n'a pas suffi comme à la cigale — et qui, sous les neiges hibernales encore, retrouve les refrains du printemps. Gustave Nadaud a gardé, à ce temps qui n'en est guère digne, l'écho de cette délicieuse chose qui fut la Chanson française. Peu de genres ont compté plus de chefs-d'œuvre. La chanson, rien que dans ce siècle, s'appela Horace avec Béranger et Virgile avec Pierre Dupont. Elle est bien aux entrailles du peuple et je me fais fort de trouver dans les légendes berrichonnes et ardennaises, comme dans les chansons amoureuses de la Provence et du Languedoc, des perles de vraie poésie, laissant fort loin les lieds de nos voisins. Ces fleurs de vigne ont, avant même le raisin, leur délicieuse saoulerie. Gérard de Nerval a, un des premiers, réuni quelques-uns de ces poèmes mal rimés, mais d'une émotion si vraie et d'une si troublante couleur. Plusieurs sont de véritables drames où l'on retrouve les mêmes personnages, le conscrit que sa maîtresse trahit, ou le marin qui enlève sa bien-aimée et ne la veut plus épouser ensuite. Ainsi la perfidie féminine et la mauvaise foi de notre sexe ont, toutes deux, leur paquet. Eh bien ! dans ses « Dernières chansons » Nadaud a écrit une véritable merveille, dans cet ordre de sujets, et sa chanson des *Trois Hussards* est faite pour vivre autant et plus longtemps que les plus célèbres de ses ballades populaires. Tous trois sont partis, ayant un amour au cœur, et tous trois reviennent au pays et c'est le vieux sonneur de l'église qu'ils rencontrent, le premier, sur leur chemin joyeux. A celui-ci le sonneur apprend que sa belle est aux Visitandines ; à celui-là qu'elle est mariée ; au troisième qu'elle est morte et que, pour toutes trois, il a donné leur vol aux cloches indifférentes. L'un d'eux oubliera la nonne ; l'autre se mariera par représailles. Reste le troisième. Ecoutez-le.

> — Sonneur, quand tu verras ma mère,
> Va la saluer chapeau bas ;
> Dis-lui que je suis à la guerre
> Et que je n'en reviendrai pas.

N'est-ce pas qu'une buée de larmes passe sur ce léger paysage, vite dissipée, comme les brouillards d'aube le long des ruisseaux? Que tout cela est d'une musique sincère et vraiment attendrie ! Comme le verre joyeux du chansonnier tinte juste dans cette gamme discrète, comme lorsqu'on boit à quelque ami absent ou à quelque cher souvenir ! C'est par coquetterie certainement que Nadaud a laissé tomber cette fleur de jeunesse dans cette corbeille d'adieux prématurés.

II

Un pleur, un vrai pleur et dont il aurait tort de rougir, était monté aux cils de Cadet-Bitard pendant que je lui disais ce court et charmant poème. Mais il n'est pas garçon à se laisser vaincre longtemps par la commune tristesse. « Je pourrais aussi, me dit-il, écrire mon petit roman des Trois Hussards, mais il n'est pas de poésie aussi délicate que la chanson de Nadaud. »

Et comme je le regardais, étonné de cette confession, — car vous savez combien mon ami est bégueule dans le choix de ses sujets, et de forme pudibonde dans l'expression de ses rêveries — il me proposa de me conter l'histoire, en me prévenant encore que mes chastes oreilles en pourraient être offensées. Mais je sais être sourd quand il convient, qu'on oublie devant moi les convenances ou qu'on me demande intempestivement de l'argent. C'est la plus utile infirmité que je connaisse et tout à fait nécessaire aux gens de la politique, par exemple, qui ne pourraient supporter le régime parlementaire autrement. Néron souhaitait ne pas savoir écrire. Ne pas pouvoir entendre est bien un autre bienfait.

— C'est il y a deux ans, quand je fis mes treize jours, poursuivit Cadet-Bitard, et c'est mon régiment de hussards que moi aussi j'avais été rejoindre. Car je ne cache pas qu'un bel uniforme m'a toujours paru agréable à porter. Cela repose du costume civil si bien fait pour exprimer la gaieté de la vie contemporaine! Ah! que voilà bien comment les boursiers, les huissiers, les handicapeurs et les martingaleux que nous sommes doivent être logiquement vêtus! Aux clairs rayons du soleil, le galon du soldat met, dans l'air, encore et seul, comme un frisson de gloire. J'étais superbe en hussard bleu clair, comme un matin de printemps! Mais je n'en étais pas moins furieusement mélancolique de partir, même pour une si brève campagne, tant, nouvel Ulysse, j'avais de confiance dans la Pénélope que je laissais à son foyer.

— Fernande, si j'ai bonne mémoire...

— Oui, Fernande, ce bijou d'infidélité enchâssé dans l'or vivant d'une inoubliable chevelure, cet écrin de perfidie où l'on trouvait des saphirs sous les paupières, des perles sous les lèvres, toutes les joailleries d'amour dont il est si doux d'être l'orfèvre et le petit Josse familier ! Les adieux furent vraiment les plus touchants du monde et jamais avare ne se sentit plus douloureusement arracher l'âme en même temps que son trésor. Elle me disait bien que j'emportais la clef de son cœur; mais ce n'est pas elle cependant que je sentais dans ma poche. Elle devait être si mignonne la clef d'un petit cœur contenant si peu de chose ! Les femmes pourraient se le percer avec un dard d'abeille, comme un pistolet de salon suffirait amplement pour leur brûler la cervelle. Ah ! cruelle Fernande, et délicieusement menteuse, et coquette à l'avenant !...

Et notre Cadet-Bitard huma plus furieusement la fumée de sa cigarette.

III

— Ma seule consolation, poursuivit-il, fut que je partais avec deux camarades de régiment vraiment joyeux, Aristide Trouslacotte de Tabelmayre et Michel Dardanus, fils du fameux apothicaire dont la clystériale famille était connue déjà dans l'intimité. Nous avions fait déjà les grandes manœuvres ensemble et nos goûts rabelaisiens nous avaient rapidement liés. C'étaient, l'un et l'autre, de beaux sonneurs de messes éoliennes, et de glorieux chanteurs en faux-bourdon intestinal. Ils vous fanfaraient militairement l'appel du matin et l'appel du soir à secouer les croisées de la chambre. Toujours en voix, et jouant à la tierce l'un de l'autre, Trouslacotte de Tabelmayre étant doué d'un baryton confinant à la basse chantante, et Dardanus possédant un élégant ténor martin. Comment ces artilleurs originels s'étaient-ils faufilés dans la hussarderie? Comme moi, par amour du dolman bleu clair comme un matin de printemps. Nous fîmes notre dernière Passion à la gare, avec des larmes dans nos verres de bordeaux. Fernande trouva ces messieurs charmants et tous deux me déclarèrent que j'avais une adorable maîtresse. Ils se levèrent de table sur un turlututu de leur musique habituelle, tout à fait comique et suraigu, et qui fit pouffer de rire ma bonne amie.

— C'est le boute-selle de mes aïeux ! fit Trouslacotte en se frisant la moustache.

— Amen ! répondit Dardanus en bouclant son ceinturon.

Je vis que leur gaieté communicative et de bon goût était tout à fait du goût de Fernande, que j'avais depuis longtemps guérie des vulgaires pruderies.

Une heure après, nous étions déjà à Etampes, et le surlendemain nous mettions le siège devant Orléans que notre division devait prendre d'assaut huit jours plus tard seulement après une résistance désespérée de la garnison. Je te fais grâce des péripéties de ce beau fait de guerre dont le résultat fut vraiment imprévu. Car, par une distraction de notre colonel, distraction qui lui valut sa retraite, ce fut seulement les Aubrays que nous prîmes. « Vous n'êtes pas les premiers voyageurs qui vous trompez ! nous dit le chef de gare pour nous consoler. Ça arrive journellement. » Et, comme il était fort érudit, il nous raconta l'origine de cette station des Aubrays où, paraît-il, en un temps plus scrupuleux que le nôtre, devaient s'arrêter, en vue seulement de la ville sacro-sainte d'Orléans, tous ceux qui n'y apportaient pas les attributs précieux de la Pucelle et n'y pouvaient contempler l'image de Jeanne d'Arc sans un pénible retour sur eux-mêmes. Mais on dut bientôt se ralentir de cette sévérité, Orléans menaçant de devenir désert et les Aubrays étant le lieu le plus encombré du monde entier.

Toujours par imitation de celle que Villon appelait : « La bonne Lorraine », j'avais été légèrement blessé à l'assaut. J'en étais d'autant plus furieux qu'on donnait un jour de repos aux troupes après la victoire. Trouslacotte et Dardanus avaient immédiatement filé pour Paris. Ah ! ma foi, tant pis pour ma foulure ! Moi aussi je pris le train qui arrivait une dizaine d'heures après le leur, presque en pleine nuit. Un fiacre me cahota douloureusement jusqu'au seuil de Fernande. J'eus une émotion très vive en montant l'escalier. J'avais écrit que je ne pourrais pas venir. A la porte, en effet, j'entendis un beau vacarme et, à ne pas s'y tromper, les voix de Trouslacotte et de Dardanus se disputant.

Parbleu ! le sujet de leur querelle était d'une parfaite limpidité. Ils avaient, l'un et l'autre, la prétention de rester seul avec ma bonne amie.

J'entendis mon nom... Trouslacotte disait à l'autre :

— C'est indigne à toi qui es son ami !

Et Dardanus répondait :

— Son ami ! moi ! à Cadet ! Tiens, voilà pour lui !

Et il vous envoyait une belle volée de pétarades montant jusqu'à l'*ut*.

— Et moi, donc ! A toi, Cadet ! ripostait Trouslacotte, en chantant son verset du même psaume et en descendant jusqu'au *fa* dièse.

Ambo cantare periti, comme disait Virgile. C'était comme un carillon. Et Fernande riait comme une bossue. On ne s'amuse pas davantage au *Sonneur de Saint-Paul*.

— Le glas de mon amour, pensai-je douloureusement...

— Et tu retournas à la guerre ? demandai-je à Cadet-Bitard.

— Non, dit-il, mais je ne revis jamais Fernande, ni Trouslacotte, ni Dardanus, et je composai ce sonnet :

ULTIMA VERBA

Près des monastiques demeures
Où ne tinte plus que le vent,
J'ai vu le fantôme rêvant
De frère Jean des Entommeures.

N'ayant plus, pour sonner les heures,
Quand vient le Carême ou l'Avent,
Les grosses cloches du couvent,
Comme à des époques meilleures,

Sous son froc, hélas! mal en point,
Il frappe, d'un rythmique poingt,
Son ventre où mugit la colique,

Et, l'air navré comme un martyr,
Lentement il en fait sortir
Un Angélus mélancolique.

LE FURET

LE FURET

I

Ma foi ! à neuf heures elle s'était couchée.

Dans la blancheur parfumée des draps, elle avait étendu son corps souple et grassouillet, pleine bien plutôt de l'impatience du sommeil que du retour de l'absent. Que voulez-vous ! Après trois ans de mariage ! Et puis Georges n'était pas raisonnable vraiment. Son goût désordonné pour la chasse lui faisait vraiment trop oublier sa femme. Ce n'est pas sans sagesse que la fable antique nous montrait, chez Diane et chez Hippolyte, l'amour des plaisirs cynégétiques ayant pour compagne la chasteté. A vrai dire, tous les autres dieux sont ennemis de l'amour, Bacchus même, dont on en a voulu faire le complice. N'aime pas vraiment qui aime autre chose que la douceur d'aimer.

Donc il était parti depuis le matin, par ce temps affreux de neige, pour tuer d'innocents lapins, fourré comme un boyard, ridiculement terrible, la laissant seule dans cette mélancolie d'un jour d'hiver, derrière les vitres où lentement s'effaçaient, dans des buées tièdes, les paysages de givre qu'elle regardait, oisive, y trouvant des clochers, des peupliers, tout un village de diamants; rêverie de désœuvrée! Elle avait fait atteler vers trois heures, mais elle s'était vite ennuyée dans la file monotone des voitures que dominaient des cochers emmitouflés, informes et ressemblant à des champignons. Deux ou trois visites l'avaient conduite jusqu'au dîner, un dîner rapide, sans conversation, triste sous la lampe traçant, sur la nappe, un grand cercle jaune. Elle avait ensuite essayé de lire. Les romans psychologiques apprennent certainement, à nos contemporains, des secrets passionnels que ni Pâris, ni Léandre, ni Des Grieux, ni aucun autre des amoureux célèbres de la Fable, de l'Histoire ou du Livre n'avaient même pressentis. Par un défaut d'analyse de leurs propres sentiments, tous ces héros n'avaient vraiment pas su aimer. Parlez-moi des amants de demain qui sauront, au moins, ce qu'ils feront. Mais enfin, éminemment instructifs et utilitaires, les romans psychologiques ne sont pas toujours amusants. Alors elle s'était couchée. Pauvre Hermance !

Si elle avait eu sous ses yeux le miroir, tourné ailleurs, de sa psyché, je ne l'aurais plainte qu'à demi. Car elle offrait au regard un délicieux spectacle qui lui eût été, en même temps, une délicieuse vanité. Car rien ne se saurait rêver de plus charmant que sa belle chevelure répandue sur l'oreiller, le vallonnement voluptueux de ses formes sous les draps, ces choses exquises rosées par les reflets d'un feu mourant dans l'âtre, d'une agonie de tisons mettant, par la chambre, des lumières vagues d'aurore. Très frileuse, elle ne sortait guère de la toile, toute bordée de dentelles, qu'un joli museau de chatte éclairé par deux grands yeux qui semblaient se voiler, par instants, sous le poids des longs cils entraînant la lourdeur des paupières. Mais des étincelles en jaillissaient de temps en temps comme du foyer qui, par instants, s'emplissait de petites étoiles crépitantes. Dans ce scintillement étrange passaient des colères. Car enfin c'était ridicule d'être délaissée ainsi pour d'insipides gibiers. Consciente des trésors qu'elle portait en elle, du jardin de roses que le Temps seul effeuillait sous ses pas, de l'inutile Eden où nul n'entrait, bien qu'aucun ange n'en gardât la porte, elle roulait des révoltes et des désirs de vengeance et dans son esprit lassé des résignations mélancoliques. Elle aurait un amant, parbleu ! comme les autres ! Rentrerait-il seulement ?... Quelquefois la fantaisie lui prenait d'ajouter les affûts nocturnes aux battues de la journée. Ah! pour le coup, elle savait ce qu'elle aurait à faire. L'image lui passa, sous le front, d'un joli petit amoureux qui lui dirait des mots pleins de tendresse et qui ne laisserait pas, lui, passer ainsi les heures d'amour. Elle le voyait comme je vous vois. Blond, empressé, timide, mais tout à coup entreprenant. « Laissez-moi, monsieur!... » Il ne l'écoutait pas et lui mangeait la bouche de baisers, l'étreignant avec de délicieuses furies. « Mon Dieu!... mon Dieu!... Ah!... » Elle avait vivement dégagé la tête des couvertures comme pour respirer une bouffée de parfums, oppressée, la gorge haletante... Elle l'y rentra vivement. Des pas dans l'escalier, des pas lourds de terre grasse. C'était Georges qui rentrait.

— Sale journée! fit-il, en ouvrant la porte. J'ai perdu Polydore.

II

Pour comprendre l'amertume douloureuse de ce propos, il faut que vous sachiez que Polydore était un furet auquel tenait extrêmement son maître. Georges avait pour cette bête puante des attentions et des tendresses qu'il eût mieux fait d'adresser ailleurs. Il fallait l'entendre parler de l'extrême intelligence de Polydore et des tours géniaux qu'il jouait aux lapins. Un stratège de premier ordre. Le Jules César des furets. Disparu. Tombé dans une embûche des putois, peut-être, lesquels, par jalousie de mauvaise odeur, en veulent infiniment aux furets. Comment ferait-il maintenant? Il n'en savait rien. Un animal de cette valeur ne se retrouve pas tous les jours. Quelle fatalité! Il grommelait tout cela en retirant ses bottes pesantes et sa culotte de velours grossier, pas bien haut pour ne pas éveiller sa femme qui, ne lui ayant pas répondu, lui semblait endormie. Et c'est avec de sourdes litanies à saint Polydore, dans le gosier, qu'il se glissa dans le lit à son tour, sans faire plus attention qu'à une meule de foin, au bel amas de grâces nonchalantes et de charmes voluptueux que tendait à sa mauvaise humeur la pitié consolatrice du Destin.

Le feu avait achevé de mourir dans un pétillement d'étincelles. C'était une ombre douce dans la chambre, très légèrement blanchie, à travers les rideaux, par les vapeurs d'argent d'une nuit constellée.

Il s'endormit, ou, du moins, une torpeur le prit, qui ressemblait fort au sommeil, à un sommeil traversé de toutes les impressions pénibles de la journée. Il chassait. Il chassait encore. Dans les grands bois sans feuilles, aux arbres dessinant des paraphes fantastiques sur le ciel gris, sur la terre mouillée et, par places, bossuée des dépouilles de l'automne, il avançait à grand'peine, puis débouchait dans la plaine également désolée, plantée çà et là de tronçons, avec des effondrements de hautes herbes sous les ondées; il montait, il descendait, il fouillait l'air et cherchait tout à coup à ses pieds. Et son âme clamait : Polydore! par les solitudes.

Hermance, qui n'avait fait semblant de dormir

que par bouderie, ne l'avait jamais trouvé aussi caressant, sentant les mains de Georges l'explorer comme un paysage vierge, s'arrêtant aux rondeurs et suivant tous les mouvements d'une pensée qu'elle ne devinait pas. Ces mains légitimes d'époux avaient toutes les audaces. Elle se laissait faire, comme une grosse chatte se laisse caresser en faisant ronron.

III

Le rêve désespéré de Georges s'exaspérait d'une véritable fatalité. Jamais il n'avait rencontré tant de terriers ! Et, tout au fond, il entendait grouiller les lapins railleurs qui chantaient un joyeux *De Profundis* à Polydore. Ces magasins à bacilles — car le lapin n'est plus mangé en civet que par quelques arriérés — se moquaient de lui ! C'était le comble de l'ironie, montant vers lui des entrailles de la terre. Devant l'une des entrées d'un terrier plus large encore que les autres, une idée soudaine lui poussa, et il commença, après en avoir légèrement rétréci l'ouverture, d'y tendre sa bourse de filet en ménageant un nœud coulant au bout d'une longue ficelle, de façon à pouvoir opérer à distance, et le fermer brusquement en tirant. Un bout de bois fiché dans le sol empêchait le tout d'être emporté.

Avec une gratitude infinie, Hermance sentait, pendant ce temps-là, son époux remonter sur ses épaules d'abord, puis sur sa jolie tête embroussaillée, la caresse des draps, l'enfermant ainsi comme dans une petite chapelle de toile. Il la savait si frileuse ! Cette attention délicate, dont elle ne devinait pas l'obscur secret caché aux profondeurs du rêve, lui semblait une suite des intentions bienveillantes de Georges à son endroit. Ah ! ma foi, elle était bien près de lui pardonner et de se retourner pour lui mettre sur la bouche un bon baiser. Elle se retourna en effet tout doucement vers lui, dans sa prison d'où dépassaient à peine quelques mèches folles de sa chevelure.

— Ma foi ! pensait à travers son songe, Georges, qui dit que le furet soit vraiment indispensable pour faire sortir, de son terrier, le lapin par le bout où une embûche lui est tendue ? Un bon vacarme suffirait peut-être pour cela. Le tout est de lui causer une véritable épouvante.

Et comme il avait trouvé l'autre entrée du souterrain, il chercha son fusil pour y faire entendre une formidable détonation. Mais les rêves ne sont jamais, quoi qu'en aient dit les sorciers, qu'un reflet de la réalité. Georges était sous l'impression dominatrice d'un objet précieux perdu. Impossible de retrouver son Lefaucheux qu'il avait cependant suspendu à une branche ! Les fatalités s'accumulaient devant sa noble et cynégétique entreprise. Vous savez que les chasseurs sont gaulois de nature et portés aux grosses plaisanteries. La colère et l'abus peut-être des farineux, à l'auberge où il avait dîné, en inspirèrent une à Georges, contre laquelle d'ailleurs proteste absolument mon goût raffiné. S'asseyant à demi sur l'orifice dont il voulait terrifier le seuil, il vous y envoya une belle canonnade naturelle qui frisa, du coup, toutes les racines du gazon. En même temps il tirait sur le nœud coulant de la bourse. Mais un énorme soufflet — d'une bien petite main pourtant — le réveilla en sursaut.

— Ah! malpropre, hurlait Hermance. C'est pour ça que tu me fourrais la tête sous les draps.

IV

Initium sapientiæ, le plus modeste événement du monde quelquefois. Les époux ne se rendormirent pas après cette alerte. Les loyales explications de Georges désarmèrent les légitimes susceptibilités d'Hermance. L'entretien prit un tour inattendu et d'une plus aimable fantaisie. Georges s'aperçut qu'Hermance était délicieuse au lit. Le frisson glacial du matin passait déjà dans l'air et filtrait jusque dans la tiédeur factice des appartements. Très fort se serrèrent-ils l'un contre l'autre, dans une caresse lente et pénétrante, une vraie caresse d'amant. Et quand, après des délices autorisées par la loi, mais que refuse de décrire ma plume, plus chaste que celle qui a écrit le Code lui-même, l'aube mit vraiment une petite fumée blanche entre les rideaux, un des esprits follets qui s'envolent à cette heure mystérieuse pour réjouir leurs compagnons célestes du récit de nos terrestres aventures, eût entendu la voix joyeuse d'Hermance dire à Georges, dans un éclat de rire :

— Eh bien, mon ami, es-tu consolé maintenant?

Et, comme il n'avait pas l'air de comprendre :

— Il me semble, mon amour, poursuivit-elle, que vous avez joliment retrouvé votre furet !

ET ÇA DONC!

ET ÇA DONC !

I

Courir, comme des éperdus, après le soleil qui s'en va ; prendre son vol, comme les hirondelles, derrière le dernier lambeau d'azur entrevu à l'Orient, à travers les forêts rouillées où tremblent les souffles d'automne, aller chercher l'âme errante des violettes et le mensonge d'un éternel printemps. C'est le rêve que nous caressions depuis longtemps ensemble et que nous allions réaliser. Les plaisirs de Paris, cet hiver, deviennent un mythe. On ne cause plus à table ; on ne danse guère dans les salons ; on rit si peu au théâtre ! Est-ce que la mer bleue et le parfum tiède des orangers ne valent pas davantage ! Elle était heureuse de partir et moi plus heureux encore de partir avec elle. Que les premières toilettes hibernales des femmes sont exquises ! Du moutonnement d'un boa de plumes noires aux reflets bleus émergeait son visage délicieusement pâle ; tel un lys qu'emporteraient les eaux sombres du Styx. Et c'était un long frisson de fourrure tout le long de son corps frileux, un ruisseau fauve sur lequel ses mains gantées de suède très clair semblaient deux feuilles mortes. Un parfum très discret montait de tout cela et sonnait comme un appel de baisers sur les lèvres. Mais nous n'étions pas seuls dans notre compartiment.

Elle avait pris le coin de son choix et je m'étais mis, non pas vis-à-vis, mais à côté d'elle, pour qu'elle pût reposer sa tête sur mon épaule durant les lassitudes du voyage. On avait pris le train de jour, mais il avait fallu se lever de si bon matin ! Ce que la suprême toilette des femmes au départ comporte d'angoisses ! On saute dans la voiture à la dernière minute, et fouette cocher ! Le cocher ne fouette jamais assez. Une minute de plus, on n'arrivait pas. Ces émotions sont irritantes et douces à la fois et nos compagnes de route ont grand soin de ne nous les jamais épargner.

Hélas ! non, nous n'étions pas seuls. Un tas d'indifférents et d'inutiles avec nous. Deux messieurs qui avaient l'air de clubmen ; une dame sur le retour, d'aspect sentimental, avec un jeune homme aux longs cheveux qui eût pu être son fils, mais ne l'était assurément pas. Enfin un quidam que je remarquai davantage, parce qu'il s'assit en face d'Elle et que j'avais à surveiller ses jambes enfouies sous la couverture avec un empressement qui m'avait déplu. Certes, elle n'était pas une personne à se laisser faire la cour à coups de pied — tout au plus de pied-d'alouette, accoutumée que je l'avais au langage des fleurs — mais je sais des indiscrets qui, sans entamer précisément une harangue avec le bout de leur bottine, se permettent sournoisement des frôlures qui ne sont pas à mon gré quand elles s'adressent à mes bonnes amies. Celui-là, je le regardai donc de plus près et, de fait, il méritait cette dose consciencieuse d'observation. Il avait l'air d'un Marseillais, mais d'un Marseillais qui aurait aimé furieusement la vérité, *rara avis* sur la Cannebière. Tout respirait la conviction, avec un certain esprit de contradiction, sensible à l'ironie des lèvres, sur son visage teinté d'olive, aux traits très arrêtés, éclairé d'un regard protestant contre tout badinage. Quelque chose d'un sphinx bourgeois, mais qui ne marchande pas ses oracles. Ayant coiffé un abominable bonnet de loutre qui lui donnait l'aspect d'un guichetier, il commença d'écouter, avec une attention recueillie, tout ce qui se disait autour de lui, d'un air de mauvaise humeur, avec de petits ricanements impertinents, se taisant, mais *quærens quem devoret*.

Ayant fait avec sa physionomie une connaissance suffisante, je m'abandonnai aux douceurs de mon amoureux voisinage, buvant, par tous les membres qui la touchaient, la bonne tiédeur qui venait d'elle, savourant l'abandon dont elle me gratifiait, tout doucement sur moi penchée, avec le frémissement de ses beaux cheveux sur ma joue. Ah! que l'éternité n'est-elle faite de pareilles heures ineffablement silencieuses et douces! Elle s'était assoupie déjà, la chérie, au bercement du wagon qui glissait avec de petits sursauts entre deux paysages à peine distincts sous les buées des vitres. Dans une rêverie exquise, je commençai le sonnet que je m'étais promis de lui dire à l'arrivée et j'en tins rapidement le premier quatrain.

> Elle est la grâce, et quand l'Aurore
> Rallume le soleil éteint,
> Les roses prennent, à son teint,
> Le doux éclat qui les colore!

Un peu distrait cependant par le bourdonnement de voix qui m'enveloppait et où je ne saisissais, malgré moi, que quelques paroles perdues, j'avais entendu cependant très distinctement la dame mûre et sentimentale dire au jeune homme qui aurait pu être son fils:

— Moi, je ne lis plus que ce délicieux Paul Bourget. Comme il connaît notre cœur, à nous pauvres femmes! Son dernier livre m'a rendue anémique d'émotion. C'est le chef-d'œuvre du siècle.

Alors le faux Marseillais bondit, tira de sa poche la *Pucelle de Belleville*, et, faisant claquer avec sa main la couverture sous le nez de la dame ahurie, s'écria:

— Et ça donc!

II

Ma belle amie en avait été réveillée. Nous échangeâmes quelques mots où je bus son haleine à petites gorgées, en gourmet. J'entrevoyais, sous ses cils frémissants, le rayonnement vague de ses yeux où passent des reflets de turquoise et d'améthyste comme dans les couchants d'octobre. Leur lumière était douce comme celle des lucioles dans la profondeur obscure des gazons, une phosphorescence délicieusement sympathique. D'un geste exquis, elle remit droit, sur sa chevelure révoltée, son chapeau dont les plumes étaient légèrement froissées de mon côté. Ce court réveil expira dans un long sourire qui planta, comme un couteau dans ma poitrine, l'éclair nacré de ses dents. Et le doux dodelinement de sa tête m'apprit qu'elle avait repris son somme, et le bruit rythmique de son souffle fut comme le bruit des rames du bateau qui l'emportait vers un nouveau rêve. Moi, j'étais ému comme l'apôtre à qui vient d'apparaître son Dieu ressuscité. On eût dit qu'une vision blanche s'était envolée de moi.

Et mon sonnet?...

Avec un redoublement de ferveur reconnaissante pour la caresse, inconsciente peut-être, que j'avais reçue, je le continuai ainsi :

> Elle est le charme, et quand, sonore,
> La voix lente du flot lointain

Chante le retour du matin,
C'est sa voix que j'entends encore.

Trésor joyeux ! Trésor amer !
Elle est l'Aurore, elle est la Mer !
Elle est la grâce ! Elle est le charme !

— Et moi, mon cher, fit un des clubmen en haussant le ton, j'aime encore mieux ceux de la régie.

— En voici cependant que j'ai rapportés de Hollande et qui sont exquis !

— Oui, ils sentent bon au nez. La robe est de pure Havane, mais elle est bourrée de feuilles de choux. Nos cigares, à nous, sont franchement mauvais. On le sait. Mais aussi ne fumons-nous pas par simple amour de l'herbe que nos aïeux appelaient *Petun*, ce qui n'indique pas qu'ils la trouvassent d'une odeur agréable. Nous fumons surtout pour augmenter les ressources de l'État et équilibrer le budget de notre pays. La noblesse du but est pour faire pardonner notre manque de goût.

— Taratata ! goûtez-moi ça. Voilà qui est bon.

Un des inconnus tendait à l'autre un cigare.

Le vis-à-vis de ma bien-aimée fit un soubresaut, tira de sa poche un brûle-gueule savamment culotté, et, le brandissant dans l'espace, clama pour la seconde fois, sur le ton d'une indignation croissante :

— Et ça donc !

III

Était-ce donc un aphasique susceptible d'une seule formule vocable, comme on en cite dans les mémoires scientifiques et qui ne sont plus que des perroquets humains ? On a vu, en effet, de pauvres gens qui ne pouvaient plus répondre que : cochon ! ou quelque autre grossièreté aux personnes qui leur parlaient aimablement. Non ! tout respirait la santé dans ce singulier voisin de route qui redevenait parfaitement tranquille au milieu de l'étonnement général, remettant tranquillement sa pipe où il l'avait prise.

Elle était tout à fait réveillée cette fois-ci. J'en étais presque fâché pour le dernier tercet de mon sonnet que je n'avais pas encore pris à la pipée, comme disait le grand Mathurin. Nous passâmes un mouchoir sur la vitre et nous nous abandonnâmes au charme du spectacle qui courait, sous nos yeux, en sens inverse de notre marche, bouleaux traversant d'un jet d'argent et couronnant d'une pluie d'or la fauve splendeur des forêts de chênes semblant un bouillonnement de laves chaudes encore ; peupliers déjà nus, maigres comme des jambages de calligraphe, où les corbeaux venaient poser des pâtés noirs ; chrysanthèmes sauvages mettant des notes jaunes et mauves sur l'uniformité du terrain. Tout ce poème des mélancolies automnales qui se lève derrière la dernière grappe coupée, symphonie à la fois éclatante et navrante des déclins, et qui fait douter de l'amour.

Comme son beau profil de Grâce Renaissance se découpait bien sur ce décor riche et changeant ! Jamais camée n'avait rencontré un plus beau cadre.

Cependant le faux Marseillais se tortillait un peu depuis un instant. Il avait consulté plusieurs fois son indicateur pour y chercher visiblement le premier arrêt. En même temps il faisait d'inquiétantes grimaces.

Ah ! j'ai mon dernier tercet. Je le tiens, le méchant papillon, qui me faisait courir depuis un grand quart d'heure. Écoutez-moi ça !

> Seule, elle apporte, à mon amour,
> Dans un sourire tout le jour,
> Tout l'Océan dans une larme.

— Mouzy-les-Bredouilles ! Mouzy-les-Bredouilles ! deux minutes d'arrêt.

Ainsi cria monsieur l'employé le long des portières.

Le faux Marseillais bondit du compartiment. Deux minutes, ce n'est guère, même pour l'hydraulique projet que, seul, il caressait depuis longtemps déjà.

Aussi, à peine descendu, et au mépris de toute décence, commença-t-il tout en courant de déboutonner son haut-de-chausses et d'en extraire le captif, même avant de s'être rué sous la porte que surmontait une lanterne indicatrice. Il y avait un tas de grossiers et d'imbéciles qui riaient.

Et nous entendîmes ce singulier dialogue. Une voix de vieille femme qui criait :
— Monsieur ! Monsieur ! C'est pour les dames !
Et le monomane qui répondait son sacré :
— Et ça donc !

Ma mie a trouvé mon sonnet le plus charmant du monde. Que les femmes aiment volontiers les vers qu'elles ont inspirés !

P. S. — Mes compliments au voleur ENRICO CORALT et à son complice FRANCESCO FALCONI, éditeur à Milan, Corso Venezia 65, qui, dans un recueil périodique intitulé *Frutto prohibito* à 25 c., signe, le premier, et publie, le second, mes contes traduits en italien, sans aucune autorisation de mon éditeur ni de moi. Je suppose que ces deux frères de la race latine sont, comme beaucoup de leurs compatriotes en ce moment, aussi pauvres d'argent que d'esprit, et je leur fais volontiers la charité qu'ils ont oublié de me demander. Que le voleur Enrico Coralt continue à s'attribuer mes œuvres. Tant qu'il ne m'attribuera pas les siennes, je ne me fâcherai pas.

LA ROSE D'HOËL

LA ROSE D'HOËL

I

En ce temps-là, celui de nos vieilles légendes françaises, vivait encore le roi très âgé d'un pays disparu des cartes depuis longtemps. Son règne avait été glorieux, mais l'âge lui ayant ôté la résolution et la force, les États voisins semblaient, menaçants, convoiter son héritage. Il n'en eût rien redouté s'il avait laissé, derrière lui, des fils de sa race, ayant un peu de son sang dans leurs veines. Mais trois filles seulement lui restaient, de sa défunte épouse, trois filles également belles mais de différente beauté : Judith qui semblait une Romaine par la régularité splendide de ses traits qu'encadrait une noire et lourde chevelure ; Célie qui faisait penser aux Vierges des missels ayant la tête toute nimbée d'or clair, mais fière d'une fierté toute mondaine, grande d'ailleurs comme sa sœur et bien faite aussi pour porter une couronne ; Jehanne enfin, d'un charme moins défini mais plus profond peut-être, ayant des couleurs indécises dans les cheveux et dans les yeux — ceux-ci étant couleur de rêve, pour ainsi parler — plus mignonne de sa personne que Judith et Célie, mais de beau dessin corporel cependant, très pur et de lignes irréprochables. Ainsi comme un grand arbre, sans feuilles déjà, mourait le vieux roi ayant ces trois fleurs à ses pieds, deux lys et une violette.

Et il languissait fort de cet état, indifférent aux charmes de cette inutile progéniture, ne songeant qu'à sa couronne dont des mains étrangères s'arracheraient les fleurons ; et, sans cesse, se promenait-il au bord de la mer, laquelle seule répondait assez douloureusement à ses douloureuses pensées, celles-ci s'enfonçant dans les horizons noirs comme le vol des mouettes éperdues dans la tempête.

Un matin, des fanfares sonnèrent devant le manoir et le pont-levis s'abaissa, grinçant sur ses chaînes rouillées. Un héraut venait demander la main d'une des trois filles du roi pour le prince Alaric, son maître. C'était une alliance inespérée, le prince Alaric étant vaillant et possédant une redoutable armée. Lui-même ne faisait, sans doute, cette demande que pour s'agrandir pacifiquement de territoire et devenir le plus puissant de la contrée. Ce n'était pas seulement d'ailleurs un prince puissant, mais un jeune homme renommé pour sa beauté virile, maniant le vers comme l'épée, séduisant entre tous et dont bien des espérances silencieuses se disputaient déjà le cœur.

Aussi Judith, Célio et Jehanne poussèrent-elles le même cri de joie quand leur père les instruisit du message et virent-elles passer, dans une rapide vision, l'oubli joyeux de ce manoir lamentable, où, privées des tendresses maternelles, elles avaient passé leur austère jeunesse. Mais bien vite toutes les trois se turent et songèrent. Il n'y avait qu'un prince Alaric et elles étaient trois.

Or, une ancienne superstition prétendait qu'il existait, dans quelque coin de la contrée, une fleur mystérieuse que nul n'avait vue jamais, mais dont les vertus étaient de connaissance commune. A qui la cueillerait, une sagesse extrême viendrait dans l'esprit et tous les dons du ciel seraient prodigués. On l'appelait : la Rose d'Hoël. Ayant consulté son confesseur, comme pour toutes choses graves, le vieux roi pensa que ce trésor serait surtout précieux à celle qui devait gouverner après lui, de par son mariage. Il décida donc que celle-là de ses filles aurait le prince Alaric pour époux, qui trouverait la fleur enchantée. A toutes trois il fit ouïr une messe et donna sa bénédiction, les deux bras tendus en avant le long de sa grande barbe blanche, comme deux racines de saules sur l'argent fluide d'un fleuve.

Seule, en le quittant, Jehanne pleurait.

II

Elles prirent des chemins différents, se donnant rendez-vous, pour revenir ensemble, au carrefour des bouleaux qui, dans la sombre forêt, mettait comme une fusée de lumière blanche. Judith et Célie étaient pleines de confiance, cependant que Jehanne marchait la tête baissée, comme sous le poids d'une rêverie.

Et toutes les trois, à des heures différentes, sans doute, eurent la même apparition.

De Judith, la première, un jeune berger s'approcha qui, timide, s'agenouilla devant sa beauté triomphante. Il disait des paroles d'amour très douces et très touchantes. Il lui donnerait ses plus beaux moutons et ses plus belles fleurs pour un sourire. Dédaigneuse, c'est du coin d'un œil méchant qu'elle le regarda seulement, et c'est comme avec regret qu'elle laissa tomber ces mots méprisants de ses lèvres :

— Vous vous trompez, mon pauvre ami. Je suis la fille d'un roi et je vais épouser un prince. Vous voyez que je ne suis pas faite pour un berger.

Quand ce fut au tour de Célie de se trouver devant ce charmant inconnu qui, toujours dévotement, lui demanda, en une prière très humble, de l'entendre un seul instant, la belle Célie éclata tout simplement de rire, et c'est de la blancheur de ses dents que les mots lancés comme des flèches entrèrent au cœur du malheureux.

— Vous badinez, pauvre fou ! Je suis princesse et vais gouverner tantôt un royaume. Je vous ferai donner cent coups de fouet si vous continuez à faire l'impertinent.

Et elle se retourna, en lui faisant une grimace où sa petite langue passa comme un pétale de rose dans le vent.

Jehanne marchait lentement et toujours la tête baissée, quand il la rencontra la dernière. Elle s'arrêta au murmure caressant de sa voix. Puis une pudeur la prit qui lui mit du rose au visage et elle le pria de se taire, mais d'un ton qui n'avait rien de méchant. Aussi continua-t-il, la contemplant toute interdite, et lui dit-il tout ce qu'il avait dans le cœur pour elle. Elle voulait s'en aller quand il s'approchait d'elle, mais une force invincible retenait ses pas. Il implorait sa pitié bien plus encore que sa tendresse. Il était pauvre et ne savait qu'aimer. Il mourrait si elle ne le consolait d'un regard et ne prenait en miséricorde sa misère. Jehanne attendrie était toute haletante et des larmes roulaient dans ses yeux. Il lui prit la main et y mit un frisson avec ses lèvres. D'un bras il enveloppa sa taille souple et, comme à demi évanouie, il l'emporta sous des fraîcheurs ombreuses où il l'endormit du plus doux des rêves. C'est sous un baiser qu'elle se réveilla honteuse. Le berger était comme transfiguré devant elle. On eût dit un ange et c'en était un probablement que Dieu avait envoyé là, sous un déguisement, pour cette triple tentation. Il lui mit une fleur dans la main, une fleur éclatante et d'un parfum enivrant.

— C'est la rose d'Hoël, fit-il. Adieu.

Et il parut à Jehanne qu'elle sortait d'un long sommeil. Mais elle avait bien la fleur mystérieuse entre ses doigts.

III

Un souffle léger passa dans les branches, au carrefour des bouleaux. C'est comme un bruit joyeux de grelots au-dessus des têtes. Jehanne y retourne la première et c'est le soir seulement, une large bande de cuivre formant l'horizon, que découragées à leur tour et les mains vides y arrivent Judith et Célie. Un regard méchant et jaloux brille, en même temps, dans leurs yeux, quand elles voient Jehanne agenouillée, remerciant Dieu qui lui a donné le trésor. La route est trop longue pour rentrer au manoir, et trop lasses sont-elles du chemin parcouru. Le site est charmant pour reposer sous les ombrages harmonieux. Elles ne rentreront que le lendemain à l'aube. Jehanne s'endort la première sur une belle gerbe d'herbes coupées. Une lassitude divine est en elle, faite d'un souvenir obscur et délicieux. Ses sœurs veillent et causent tout bas. Jehanne rêve et sa bouche s'entr'ouvre sur des soupirs d'où s'exhalent, sans doute, les dernières délices qui l'avaient comme baignée d'une chaleur et d'une lumière inconnues. Judith qui a causé souvent avec la magicienne dans la forêt, montre du doigt la touffe sur laquelle est posée la tête de la dormeuse et qui est toute faite d'ancolies, d'aconits et de digitales, toutes fleurs empoisonnées et propices aux sortilèges meurtriers. Un peu de suc d'une de ces plantes au bord de la lèvre détendue de Jehanne et son sommeil deviendrait éternel. Célie fait semblant de ne pas comprendre, mais elle avait eu soin à presser quelques-unes de ces fleurs mortelles dont une large goutte violacée coule bientôt, suspendue à un bout de paille, dans la bouche entr'ouverte et frémissante de baisers de celle qu'elles voulaient endormir, pour jamais. Un frémissement et le cœur s'arrête soudain, en même temps que le souffle. Elles ont peur. Célie enlève vivement la rose des doigts flexibles encore de la morte.

— C'est à nous deux ! dit Judith.
— A nous deux ! répond Célie.

Elles ne se parlent plus ; silencieuses et se comprenant sans langage, dans un fossé béant et profond, au revers du carrefour, elles glissent le corps souple encore de Jehanne, y poussent un peu de terre et beaucoup de broussailles fleuries, aubépines, ronces, branches de mûrier s'enchevêtrant, s'enchevêtrant jusqu'au ras du sol. Puis, avant que la première aube fît la cime plus visible à leurs yeux, elles se remirent en marche, n'osant échanger une parole, craintives devant la rouge lumière qui montait à l'orient.

— Père, voici la rose d'Hoël, firent-elles en trouvant le vieillard sur le seuil du vieux palais.

— Et qui de vous l'a trouvée ?

— Moi ! firent-elles en même temps.

— Alors, l'épreuve me laisse dans le même embarras cruel, fit le roi avec une indicible mélancolie.

Et il ajouta :

— Et Jehanne ?

— Elle ne s'est pas trouvée où nous l'attendions ; mais elle reviendra sans doute ! dit Judith.

— Elle reviendra certainement, ajouta Célie.

Mais Jehanne ne revint pas et la grande tristesse du roi s'accrut de cette absence, Jehanne étant celle de ses trois filles qu'il aimait le mieux pour ce qu'elle ressemblait davantage à leur défunte mère.

IV

Un an passé et le printemps joyeux est revenu. La mer elle-même a cessé de pleurer et chanter. Mais le vieux roi pleure toujours. Solitaire, et suivi de son fidèle écuyer Bernard seulement, il erre constamment autour du château, comme s'il cherchait encore la disparue. Ce matin-là, il est allé justement jusqu'au carrefour des bouleaux. Il s'est assis sur une pierre, plus désolé que jamais, auprès d'une façon de petit lac que les pluies d'hiver avaient fait en cet endroit, au déclin du monticule et autour duquel montaient de longs roseaux, dont les libellulas carossaient les cimes du bout sonore de leurs ailes vitrées. C'est tout près de cette place, en partie sous cette place même, que reposait Johanne dans le tombeau que lui avait creusé l'effondrement du terrain écrasant son cercueil de branches mortes.

Or, le fidèle Bernard avait été, en son temps, un fort habile joueur de flageolet rustique, et l'idée lui vint qu'un peu de musique distrairait peut-être son maître de son inquiétante mélancolie. Sans rien dire, il cueillit donc le plus gros roseau qu'il rencontra dans ce coin de verdure humide, aménagea un des bouts en sifflet et y perça des trous aux places où il voulait poser ses doigts. Son œuvre achevée, il chercha à se remémorer un des airs que le vieux roi aimait le mieux entendre. Parbleu ! une vieille chanson que chantait feu la reine aux veillées. Il approcha le chalumeau de ses lèvres et voulut en jouer les premières notes. Mais l'instrument rebelle rendit des sons auxquels il ne s'attendait pas. Une voix de femme, la voix de Johanne se mit à gémir, poignante, et cette voix disait :

« Ce sont mes sœurs qui m'ont tuée,
Pour me voler la fleur d'amour ! »

Le vieux roi bondit comme un sanglier blessé. Des mains tremblantes de Bernard, il prit fiévreusement la flûte et la porta à ses propres lèvres. Alors la même voix, plus plaintive encore, y chanta de nouveau :

« Mon père, mes sœurs m'ont tuée,
Pour me voler la fleur d'amour. »

Le vieillard, très pâle, laissait lui-même l'instrument tomber de ses mains défaillantes. Mais des petits enfants qui rôdaient par là, et qui étaient accourus au cri qu'il avait poussé, l'avaient ramassé, et y soufflaient à leur tour. A chacun la flûte disait encore :

« Ce sont mes sœurs qui m'ont tuée,
Pour me voler la fleur d'amour ! »

— Silence! fit le roi. Et, sombre, il commanda à Bernard d'aller quérir ses deux filles au château.

Celles-ci, ne se doutant de rien, accoururent en riant, étant devenues beaucoup plus joyeuses depuis que Johanne avait disparu.

— Mes enfants, faites-moi donc un peu de musique pour me réjouir l'âme, leur dit le roi avec une douceur terrible.

— Notre père est fou ! murmura Judith.

— Le pauvre homme a perdu la raison, dit Célie tout bas.

Et, en se défendant mal d'un regard d'hilarité, Judith obéit, mais elle faillit s'évanouir de terreur en entendant ces mots sortir de la flûte :

« C'est vous, sœurs, qui m'avez tuée,
Pour me voler la fleur d'amour ! »

— A toi ! maintenant, fit le vieillard à Célie d'un ton de colère, et comme elle refusait, il faillit lui briser entre ses doigts la flûte qui redit son même refrain.

Cherchant un poignard à sa ceinture, il allait sauter sur elle, quand un berger apparut, celui que toutes trois avaient rencontré, et il avait dans son air quelque chose de mystérieux et d'imposant qui fit surgir le calme comme une grande ombre. Il prit à son tour la flûte. Mais, sous ses doigts, ce ne fut plus une plainte qui s'en exhala, mais une musique délicieusement douce et voluptueuse, quelque chose comme un hymen de reconnaissance et d'amour. Et après un prélude qui fit taire d'admiration les rossignols eux-mêmes, la voix de Jehanne s'y fit entendre encore, mais comme pâmée et vibrante d'un bonheur mystérieux. Et elle disait :

> « Je ne regrette pas la vie,
> Car j'ai trouvé la fleur d'amour ! »

Et le faux berger était le prince Alaric lui-même. A sa prière, Judith et Célie eurent la vie sauve et furent à jamais cloîtrées. Il fit emporter, dans son propre pays, le corps de Jehanne et jura qu'il n'épouserait jamais d'autre que la morte. Il tint son serment, assurant au vieux roi, jusqu'à sa mort, l'intégrité de son royaume.

Ainsi s'accomplit le miracle de la rose d'Hoël que j'ai fort imité, j'en conviens, d'une vieille légende que ma bonne me contait autrefois.

BACILLOMANIE

BACILLOMANIE

I

Dans le somptueux laboratoire qu'il s'est fait construire aux environs de Nuremberg, le savant docteur Pétasus, derrière les vitraux où, tout entière, est peinte l'histoire d'Esculape et que traverse un pâle soleil d'hiver, médite avec un sourire triomphant sur les lèvres. Le bouillonnement d'un haut alambic de cuivre berce sa rêverie. À ses pieds, des cochons d'Inde, pour la plupart estropiés, sautillent sur leurs moignons et, attaché à son siège par une chaîne que mélancoliquement il secoue, un grand singe, la victime privilégiée des expériences du savant docteur Pétasus, branle la tête avec des tics nerveux. L'homme paraît fort à son aise au milieu de cette souffrance. Devant lui, sur un pupitre, une page à demi écrite s'étale et nous y pouvons lire le commencement du Mémoire, en façon de prospectus, où Pétasus compte étaler sa découverte :

« De toutes les maladies auxquelles l'humanité
» sujette, l'amour est certainement la plus com-
» mune, par suite la plus dangereuse, et la plus
» coûteuse aussi aux gens de quelque délicatesse.
» L'Histoire n'est guère autre chose que la légende
» des méfaits de cette épidémie, et la recherche d'un
» vaccin en préservant les gens sensés s'imposait
» depuis longtemps à la science moderne qu'aucun
» sujet d'études ne doit rebuter. Cette lacune dans
» la thérapeutique contemporaine vient d'être com-
» blée par les merveilleux travaux du docteur Pé-
» tasus. La lymphe dont il est l'inventeur et l'unique
» propriétaire assure aux ménages besoigneux la
» stérilité, aux tendresses jalouses une quiétude
» infinie, aux couvents la continence profession-
» nelle. Elle fera refleurir la tranquillité dans le
» monde dont les passions ont depuis longtemps
» dérangé l'équilibre. La découverte du bacille de
» l'amour et des moyens d'en combattre le dévelop-
» pement dans l'organisme est donc une des plus
» glorieuses de ce siècle. Au contraire de certains
» remèdes analogues, celui-ci n'amène pas la des-

» truction des parties contaminées, mais simple-
» ment et sans les altérer, les délivre du principe
» morbide dont elles étaient affectées.

» Le docteur Pétasus est décidé à exploiter seul
» la merveilleuse lymphe et à n'en révéler jamais
» le secret. Il compte sur les gouvernements, qui
» ont toujours peur de voir diminuer le nombre des
» contribuables, pour lui payer très cher le mystère
» dont il veut envelopper la préparation de son
» vaccin. Il opérera seul et sa clinique sera ouverte
» aux personnes fortunées seulement. Il traitera
» de gré à gré avec les cocus qui veulent insensibi-
» liser leurs femmes, les supérieurs qui entendent
» assurer à leurs religieux la vertu monastique, les
» neveux qui souhaitent que leurs oncles n'aient
» pas d'enfants, etc. »

Le docteur s'était arrêté là de la rédaction de son alléchant programme. Il avait opéré avec méthode et il était sûr de ses résultats. Les cobayes injectés par ses soins — et Dieu sait si ces prolifiques bêtes sont naturellement affectueuses ! — se fuyaient, maintenant, les uns les autres entre ses jambes, en poussant de petits cris d'horreur. Moko, le grand singe, qui était l'animal le plus paillard de la création, avait flanqué une pile épouvantable à une délicieuse guenon qu'on lui avait amenée. Enfin, pour ne pas opérer seulement *in animâ vili*, Pétasus avait sournoisement soumis à son traitement quelques malheureux des environs, sous prétexte de les guérir de rhumatismes. Hommes et femmes étaient immédiatement devenus comme chiens et chats et ces misérables, qui n'avaient auparavant de consolation que l'amour, se ruaient la tête aux murailles en demandant la mort.

Ce dernier résultat avait positivement enthousiasmé le philanthrope médecin.

II

C'est que le savant Pétasus rêvait une immense fortune, de millionnaires destinées, et qu'il croyait vraiment en avoir découvert le chemin. Il est certain que l'amour se met en travers de bien des projets dans le monde, qu'il a déçu bien des ambitions, anéanti bien des espérances, accumulé bien des ruines depuis celles d'Ilion. Mais ce grand côté philosophique de sa découverte n'était pas celui dont il était davantage préoccupé. Il voulait gagner beaucoup d'argent. Et pourquoi ? Parce que lui-même était amoureux. Ne criez pas à l'illogisme. Il y a des fabricants de fusils qui sont, par tempérament, les gens les plus pacifiques du monde.

Oui, le docteur Pétasus était amoureux et d'une très grande dame dont il ne pouvait espérer les faveurs — attachées d'ailleurs comme un bracelet d'honnêteté à sa main — qu'en devenant, à la fois, extrêmement glorieux et Rothschildien à souhait. La comtesse Papouli joignait, en effet, à un miraculeux orgueil de son titre et de sa naissance, un goût pour le luxe qu'un souverain seul, ayant une belle liste civile, pouvait espérer satisfaire. Elle avait cette triomphante beauté dont rien ne semble digne, même les roses pour tapis, en hiver. Son aristocratique personne était faite de sélections. Elle semblait comme une fleur de Paradis, languissante dans sa terrestre serre et que nul soin ne pouvait guérir des visions douloureuses de l'Infini. Qui l'eût contemplée avec des yeux moins prévenus que ceux du docteur en eût rabattu peut-être de cette séraphique illusion. Il y avait beaucoup de mensonges au fond de ces langueurs de femme adulée, et on m'eût dit que la comtesse ne quittait le somptueux dessert auquel elle n'avait pas touché que pour aller croquer, dans un coin, des pommes vertes, qu'on ne m'eût pas étonné. Cette fausse incomprise avait une santé superbe. De ce joli voile de résignée à vivre tout au plus, son miroir — seul, il est vrai, car les sens ne la tourmentaient guère — voyait jaillir un beau corps souple et ferme, des chairs saines et frémissantes, une superbe femme bien vivante dont les cheveux descendaient, sur les épaules bien pleines, comme un fleuve d'or. Elle avait pris cette attitude d'inconsolée de rien du tout, parce qu'elle avait remarqué avec quelle facilité les hommes, même intelligents, en sont dupes. Une femme qui vous sait faire accroire qu'elle n'acceptera que des présents royaux vous force à les lui faire. Elle vous met dans l'âme une ruineuse pudeur du peu que vos moyens vous permettent. La comtesse, qui ne voulait épouser qu'un millionnaire, avait su faire croire au monde qu'un millionnaire seul pouvait se permettre cette fantaisie.

Les savants sont volontiers naïfs. Souvent leur cuistrerie originelle se grise de vanité au simple effleurement de la vraie noblesse. Le docteur Pétasus avait subi ce charme un peu dégradant, mais réel. Un autre — une vengeance de l'Amour, peut-être, qu'il voulait si méchamment chasser de la terre — bien autrement pénétrant et intuitif, lui était venu des attraits violemment tentants et voluptueux de l'aventurière. Car il n'en est pas de meilleures, pour pousser un homme à toutes les folies, voire à tous les crimes, aux conceptions même les plus monstrueuses, comme celle-là, que des yeux d'une perversité troublante, une bouche dont le sourire est déjà une morsure, une gorge provocante dans sa savoureuse rondeur, des hanches largement épanouies sous la cambrure du torse, cette promesse vivante de joies mortelles et douces que la femme porte en elle, et que la comtesse portait entre toutes les femmes, tout ce qui réveille, en son mystérieux fourmillement, ce bacille sacré de l'Amour que, sacrilège, il avait rêvé d'anéantir.

III

L'atmosphère tiède du laboratoire avait assoupi le savant, dans son songe d'amour conquis par la gloire. Tout autour de lui c'était comme un effroyable combat de tous les êtres que le désir n'attirait plus les uns vers les autres, qui, désorbités de la grande harmonie des caresses, se heurtaient, en se déchirant dans l'étendue, comme des molécules folles ! Tel le chaos du firmament si les étoiles y perdaient leur chemin. Les espèces ne se reconnaissaient plus entre elles et les races sentaient le sang révolté dans leurs veines. Les instincts eux-mêmes n'étaient plus de sûrs guides aux faibles et la Force écrasait au hasard comme une meule qui broie. Comme dans l'immortelle fable, les tourterelles se fuyaient. Les oiseaux ne chantaient plus. Toutes les musiques avaient fait place, dans l'air, à un bourdonnement confus, à une rumeur sourde de blasphèmes. Le printemps surexcitait encore ces colères, loin de les apaiser. Ah ! le docteur pouvait se vanter d'avoir vraiment révolutionné le monde !

Aussi se souriait-il complaisamment, en rêve, fier de son œuvre. Des piles d'écus à l'infini, apportées par des clients ridicules ou méchants, malfaisants ou imbéciles, s'entassaient, montueuses, autour de lui, servant de socle à un édifice flottant de bank-notes, tout cela traversé de ruisseaux d'or descendant avec un fracas très gai. Et la belle comtesse, l'apercevant comme submergé dans cet immense coffre-fort, dont il s'apprêtait à lui faire les honneurs, s'avançait vers lui, dans le nimbe d'or de sa belle chevelure, avec un sourire où se lisait le consentement suprême. Par avance, elle s'était départie légèrement du costume austèrement chaste où s'enfermait d'ordinaire sa beauté jalouse d'elle-même. Ainsi ne portait-elle qu'une chemise d'un tissu merveilleusement transparent, sous laquelle rien ne se perdait, pour les yeux, de ce qui la faisait si désirable.

Et le savant docteur Pétasus était secoué déjà de frissons avant-coureurs, palpitant d'aises infinies, l'âme toute aux lèvres où montaient des baisers, impunément joyeux dans la misère universelle, quand une piqûre vive et très réelle au-dessus des reins le réveilla avec un petit cri de douleur. Fou de terreur, il vit le grand singe Moko qui se sauvait en ricanant, une petite seringue vide à la main.

L'animal avait fini par user sa chaîne, s'était sauvé de son siège et, tout de suite, avec son don d'imitation perverse, avait injecté son maître de la même lymphe dont il avait vu trouer les dos des cobayes et des paysans.

Et les petits cochons d'Inde boiteux se mirent à danser une ronde infernale, en poussant de petits cris.

P. S. — Un correspondant de Berlin m'apprend que, comme en Italie, mes contes sont traduits en Allemagne et vendus dans une publication populaire. Cette fois-ci je remercie celui qui les signe à ma place et me préserve de la reconnaissance et de l'argent volé des ratés d'outre-Rhin.

LE PETIT THERMIDOR

LE PETIT THERMIDOR

I

Il paraît que rien n'est plus malaisé — puisque rien n'est plus rare — que d'être son propre contemporain.

C'est à la résignation qu'y a mise notre jeune école de peinture et de sculpture que nous devons le beau mouvement de régénération artistique auquel nous assistons. « Mon Dieu, les gens d'autrefois étaient les gens d'autrefois et nous sommes les gens d'aujourd'hui ! » dit sagement un personnage de Molière. Mais les sots et les académies protestent contre cette vérité. Il y a encore des gens qui se disent jacobins ! C'est aussi fort que de se dire Albigeois. Et ceux donc qui se croient voltairiens pour ce qu'ils haïssent les prêtres ! Mais si Voltaire eût été d'un temps où ceux-ci étaient persécutés, il les eût défendus avec la belle verve qu'il mit à les combattre tout-puissants. Tout le génie de Voltaire est dans sa haine de l'oppression, d'où qu'elle vienne. C'est une audacieuse et imbécile fantaisie que celle de vouloir représenter la pensée d'un grand mort à travers les temps. D'où vient donc, s'il vous plaît, cet héritage ? Tous les hommes de quelque valeur ont affirmé leur caractère par des actes qui eussent logiquement changé avec l'ordre des événements. Ah ! oui, les jacobins d'estaminet me font bien rire !

Tel était le sieur Brutus Pitrougnat, avec qui nous faisons aujourd'hui connaissance, un excellent homme d'ailleurs et très débonnaire, mais qui, en paroles, vous envoyait à l'échafaud tous ceux qui y avaient été déjà sans lui. Il ne se passait pas une semaine qu'il ne recondamnât Louis XVI à mort. Ces actes de justice rétrospective occupaient la plus grande partie de son temps. C'était la partie morale de son jacobinisme. L'autre était représentée par deux points essentiels de sa toilette. Il portait des collets trop hauts à son habit et des pantalons à pont. Ce qu'il avait de mépris pour la génération abâtardie boutonnant sa culotte par le milieu ! Il trouvait cela indécent et sans noblesse. Le pont était, pour lui, comme un souvenir de la feuille de vigne originelle, laquelle s'abaissait quelquefois quand il ventait au Paradis, ce qui faisait rire Ève du bon rire ingénu de l'innocence. Notre Brutus Pitrougnat y mettait une visible ostentation, soulignant, à droite, le parement de cet ornement par une grosse breloque égalitaire où un triangle était traversé d'une hache de licteur surmontée, elle-même, d'un bonnet phrygien, le tout en bruyante quincaillerie ; et il était convaincu que la réaction tremblait à ce carillon comme les moineaux au bruit des grelots que portent les ânes en Espagne.

Peu de conversations étaient plus ennuyeuses que la sienne ; aussi était-ce miracle que le facétieux Cadet-Bitard, professant pour toutes les opinions politiques un égal mépris et n'ayant jamais poussé la frénésie civique jusqu'à se déranger un jour de vote, se complût dans la compagnie de cet intolérant. Mais je parie que vous avez déjà deviné le secret de cette mystérieuse sympathie. Brutus Pitrougnat était marié avec une charmante femme qui se nommait Héloïse et qu'il avait la rage d'appeler Cornélie. Héloïse ou Cornélie, madame Pitrougnat était plutôt montagnarde que jacobine. Oh ! les jolies montagnes vers lesquelles eût été Mahomet sans tant de cérémonie ! Ici, deux pics fermes et neigeux comme les Alpes. Là, deux collines jumelles doucement vallonnées, comme dans notre paysage pyrénéen. Je passe sous silence les gorges et les ravins boisés qui complétaient cette aimable géographie. Cadet, qui rêvait d'en être le Cortambert discret, avalait toutes les ridicules diatribes du mari pour se rapprocher de la femme. Il faisait du jacobinisme aussi, l'hypocrite ! — Comme Robespierre vous eût aimé ! lui disait Brutus avec admiration.

Mais ce n'était pas à l'affection posthume de Robespierre que tenait notre Cadet.

Il fut d'ailleurs récompensé de sa patience. Héloïse ou Cornélie — ça lui était joliment égal — ne fut pas insensible à ce long dévouement. D'autres lui avaient fait la cour déjà, mais ils n'avaient pas pu tenir plus de quinze jours dans l'intimité de son mari. Il est des cocus dont tout le monde ne s'accommode pas. C'est une chose à laquelle les femmes devraient particulièrement réfléchir en choisissant un époux. Ce n'est pas pour elles seulement qu'il est essentiel qu'il soit aimable, mais bien aussi pour les galants dont un intérieur désagréable détourne rapidement la sympathie.

II

Le ménage — j'entends nos trois amis — était en grande humeur ce jour-là. M. Brutus Pitrougnat avait découvert, le matin même, que des rats avaient dévoré une des pièces les plus intéressantes de son musée révolutionnaire, le propre manuscrit de cette jolie poésie de Robespierre dont notre confrère Jean Bernard vient d'établir la glorieuse authenticité.

Heureux l'homme de la nature
Qui, loin de l'homme faux, loin de l'homme de cour,

> Cultive un petit champ, et peut, à son retour,
> Manger en paix dans sa cabane *obscure* (sic)
> Le pain que, sous le poids du jour,
> Son travail généreux a gagné *sans murmure* (sic).

Pends-toi, Victor Hugo ! L'idée que d'infâmes rongeurs avaient porté, sur un tel chef-d'œuvre, une incisive sacrilège, avait mis le malheureux jacobin dans un indescriptible état. Il fallait anéantir les rats audacieux sans retard, en faire un massacre de septembre. Cornélie avait acheté vingt ratières ; Cadet s'en fut acquérir sur les quais un jeune chien dont les dents blanches et aiguës faisaient froid dans les mollets et qu'il baptisa laïquement du nom terrible de Rativore ! Brutus, lui, dans la bassine aux confitures confectionna une pâte phosphorée qui devait mettre le feu aux entrailles et dont il allait fourrer de vénéneuses tartines sur tous les rayons de sa bibliothèque. Denys de Syracuse, Cerbère et Locuste à la fois. La Muse du doux Maximilien serait vengée par une véritable hécatombe. Tels des sacrifices achilléens aux mânes de Patrocle. Fallait-il que ce Brutus aimât les mauvais vers !

Le soir tombait quand toutes les embûches furent tendues. Les vitres s'incendiaient aux derniers feux du soleil couchant et le petit monde de l'île Saint-Louis — Pitrougnat n'aurait eu garde d'habiter un quartier restauré par l'Empire ! — descendait sur les portes, un flot de banalités bourgeoises, mais innocentes, aux lèvres, tout ce qui avait germé de bêtise, depuis douze heures, dans des cerveaux sans grand aliment. Brutus, que ses projets de vengeance flambaient en dedans, sentait plus qu'aucun autre le besoin d'air. Sans prendre le temps de procéder à une toilette quelconque, il descendit, après avoir indiqué à Cadet le sens de la promenade où celui-ci devait le rejoindre dans un instant. Pas si bête que de partir en même temps, Cadet ! Il avait un petit compte arriéré avec Héloïse ou Cornélie. Il le régla d'abord à Héloïse et ensuite à Cornélie. J'entends que, de peur de se tromper de nom, il les satisfit toutes les deux. Les moineaux qui s'étaient d'abord abattus dans le petit jardin dont la croisée était bordée, applaudissaient fraternellement aux vitres, en y donnant de petits coups de bec.

— Rativore ! ici ! cria ensuite notre ami ; et le jeune toutou, qui comprit qu'on l'allait sortir, se mit à lui sauter joyeusement aux jambes en aboyant.

— Lui aussi a besoin de prendre l'air, dit-il encore tout près des lèvres d'Héloïse. Et il signa cette belle et hygiénique pensée d'un dernier baiser.

III

Brutus, qui n'avait pris aucune des précautions que prenait si judicieusement Cadet pour Rativore, regarda plusieurs fois derrière lui avant de se décider à faire à la muraille une humide confidence que celle-ci n'avait pas sollicitée. Cadet, qui le reconnut du dos, dans cette occupation malséante, eut l'idée fatale de le montrer à Rativore du bout du doigt, en lui criant : Apporte ! — Plaisanterie de mauvais goût, mais qui semblait sans danger, étant donné le poids respectable de M. Pitrougnat. Rativore bondit et, grand déchireur de pans d'étoffe et de rideaux, comme tous les jeunes chiens, apercevant, entre les jambes du pompier en exercice personnel, le fameux pont de sa culotte déboutonnée, y planta les dents, tira ferme et emporta le morceau, en secouant vigoureusement les oreilles et en exécutant de triomphantes galipètes. Or, pour que sa culotte révolutionnaire ne fît aucun pli sur le devant, Brutus portait une chemise lui descendant à peine à mi-ventre. C'est donc tout simplement à nu que l'avait mis la polissonnerie de Rativore. Et voyez la complication ! N'ayant pas pris le temps de se laver les mains à la maison, après la confection de sa pâte empoisonnée, tout ce qu'il venait de toucher était devenu phosphorescent dans l'obscurité croissante, et quand il se retourna, on eût dit d'une énorme luciole qui se serait mise à courir devant lui. Car, inconscient de cette illumination vivante, il se mit à poursuivre furieusement le chien par la rue, en criant et en voulant lui rattraper sa feuille de vigne envolée. Mais Rativore courait comme un financier qui passe la frontière. Par contre, des dames accoururent à ce vacarme, sur tous les seuils, et se mirent à pousser des hurlements d'horreur. Leurs maris accoururent, à leur tour, et, subitement indignés, donnèrent la chasse au malheureux Brutus que deux agents cueillirent à un carrefour et menèrent doucement au poste, en lui flanquant des coups de poing dans le dos et en l'appelant :

cochon ! L'héroïque Cadet voulut vainement le défendre. Il y gagna aussi quelques horions et prit le parti de ramener tranquillement Rativore à la maison, comme s'il n'avait rien vu et pas rencontré son ami en promenade. Ce fut l'occasion d'une troisième politesse pour Héloïse et d'une quatrième pour Cornélie. Car M. Pitrougnat ne fut relâché que le lendemain matin et encore pour passer prochainement en justice.

Quand il rentra enfin, exténué, il se laissa tomber sur une chaise, demanda le calendrier, eut un frémissement de fierté dans les narines, et murmura :

— J'aurais dû m'y attendre. Nous sommes le 9 thermidor...

Pour le consoler, Cadet lui rima ce sonnet :

> Rattache, de tes doigts glacés,
> Ta folle braguette, ô mon maître !
> Tu sais qu'on ouvre la fenêtre
> Dans la chambre des trépassés ?
>
> L'objet de tes amours passés
> Pourrait ne te plus reconnaître.
> — Ayant été, l'on ne peut être.
> Les clairs soleils sont éclipsés.
>
> Nous aurons bientôt le même âge.
> De la mort, éternelle image,
> L'âpre hiver chargé d'aquilons
>
> Tourne sur nous son grand œil cave.
> — C'est le temps d'ouvrir notre cave
> Et de fermer nos pantalons !

L'INTERROGATOIRE

L'INTERROGATOIRE

I

Un soleil printanier — le soleil luit décidément pour tout le monde — baignait la cité de Francfort, faisant étinceler les pierres blanches de la nouvelle ville et accrochant des loques d'or clair aux murailles noires et pittoresques de l'ancienne, cependant que l'âme des violettes se mêlait partout au vague parfum de saucisse dont toute bonne ville allemande est l'encensoir. Sur les belles eaux du

Mein, d'un bleu sombre, c'était un grand scintillement de petites lumières et aussi aux vitraux du Kaisersaal, dans le Doemer si admirablement décrit par Victor Hugo. Du Pfarsthum au Dom, entre les flèches des clochers paroissiaux, les cigognes passaient comme des volants roses qu'échangent d'énormes raquettes. Le vieux Charlemagne qui garde le pont de pierre semblait rajeuni dans sa pourpre et c'était comme un souffle de vie renaissante dans ce monde légendaire qui sonne l'écho du passé dans un tressaillement d'armures. Sur le Teil, les belles filles dodues passaient, reluquées par les officiers, printemps vivant dans cette caresse d'avril.

Il y avait grand mouvement à la Bourse où Israël tenait ses assises accoutumées dans une rumeur étourdissante de bruits contradictoires. On se jetait les valeurs à la tête comme des pierres sonores et les bras se hérissaient dans la foule compacte, faisant claquer les doigts comme des castagnettes. Le monde hideux des agioteurs était au grand complet. Un krach sur les alcools, que les distillateurs de Francfort excellent à sophistiquer, était dans l'air. Entre tous, le boursier Bénédictus, qui avait les intérêts les plus engagés dans la hausse ou tout au moins dans le maintien des cours, se démenait comme un diable. Il gémissait, dans l'air fétide, comme un vieux goéland. Mais les baissiers avaient l'avantage. Les alcools s'écroulaient. Quand le cataclysme fut avéré, très congestionné par la lutte, le boursier Bénédictus sortit en sacrant comme un païen et blasphémant la mémoire d'Abraham qui venait d'abandonner un de ses enfants, sans compter Ismaël.

L'air embaumé et déjà tiède du dehors, dans le frémissement des feuillages tendus sur la promenade, lui mit une caresse au visage et comme une vague consolation dans l'esprit. Après tout, il n'était pas ruiné pour ce désastre. Ceux qui lui avaient confié leur argent, tout au plus. Il perdait, au fond, plus d'amis que d'argent et l'on garde toujours ses amis quand on est riche. Ainsi se réconfortait cet honnête homme dans la rassurante pensée qu'il avait fait encore quelques dupes. Puis ses méditations prirent un cours plus riant encore. N'avait-il pas une admirable femme à la maison, la sienne, la belle Charlotte, dont tout Francfort était amoureux, qui faisait tourner, sur le Teil, toutes les têtes, comme des héliotropes, vers le soleil sombre et étincelant tout ensemble de sa noire chevelure, — Gérard de Nerval a bien dit : « le soleil noir de la mélancolie. » Charlotte, qu'il ne voyait jamais de la journée, absorbé qu'il était par ses pécuniaires friponneries, et pas beaucoup plus le soir, le jeu le retenant au cercle fort tard ; Charlotte qui s'ennuyait, sans doute, d'être ainsi délaissée et dont il était temps de s'occuper peut-être, pour éviter un fâcheux accident ! Eh ! parbleu ! on peut bien se moquer des fureurs des clients ruinés, dans un bon lit conjugal où vous attend, dans la tiédeur caressante des draps, un compte en retard de légitimes délices ! Et le boursier Bénédictus, tout en hâtant le pas vers sa demeure où il n'était attendu que quatre heures plus tard, se remémorait les charmes, trop longtemps négligés par lui, de sa femme, à savoir : une des plus admirables gorges qu'on pût voir dans son filial et ferme éclat, la voluptueuse souplesse d'un torse bien rompli s'évasant en deux hanches majestueuses, sans préjudice de jambes d'un dessin merveilleusement pur où de fines chevilles semblaient suspendre, en bas, les pétales tremblants d'une fleur de neige. Et l'homme d'argent devenait idyllique comme un berger virgilien, sentant des airs de pipeau lui monter aux lèvres, en même temps qu'un torrent de baisers qui lui venaient on ne sait d'où.

Sa surprise fut donc absolument désagréable quand, en pénétrant, comme un ouragan, dans la chambre de sa femme, il trouva celle-ci couchée avec le lieutenant de uhlans Von Schuller qui lui faisait précisément tout ce que lui-même avait rêvé.

— Je suis à vos ordres, Monsieur! s'était écrié le bouillant officier, en sautant du lit et en courant à son sabre.

Mais le boursier Bénédictus n'était pas un homme belliqueux.

— Mathias! Mathias! appela-t-il en rouvrant vivement la porte.

Le domestique Mathias entra, tout rouge, avec une vague envie de rire.

Son maître lui fit rédiger une déposition, malgré sa résistance, et quand la signature fut au bas, avec infiniment de dignité, il dit en jetant un regard courroucé sur les coupables :

— Et maintenant, chez le procureur.

Une heure après, sa plainte en adultère était bien et dûment déposée. Cette heure ne fut pas perdue non plus pour les deux amants qui, n'ayant plus rien à ménager, gloutonnement s'acharnaient aux derniers lambeaux d'honneur conjugal du susceptible Bénédictus.

II

Le lieutenant Von Schuller était de ceux que grise l'odeur de la poudre et que surexcitent les péripéties du combat. Il fut d'une vaillance extraordinaire et se surpassa si bien soi-même que Charlotte déclara qu'elle ne regrettait rien et se moquait absolument de rester madame Bénédictus, pourvu qu'elle demeurât sa maîtresse. Elle se disposait même à partir avec lui. Mais le boursier avait donné des ordres. Mathias, renforcé de Catherine, une bonne qui aurait jeté un carabinier par terre, une Teutonne jeune et massive, dont le chef s'embroussaillait en gerbe de blé jaune, barrèrent le chemin et menacèrent d'appeler la garde. Mais quels serments s'échangèrent pendant cette minute de séparation, le lieutenant étant obligé de rentrer à la caserne pour un service qui, chacun le sait, n'a rien de commun, en Prusse, avec le badinage.

Le lendemain, le boursier Bénédictus contait son affaire à tout le monde et tous ses coreligionnaires financiers le complimentaient de n'avoir pas stupidement risqué, avec un spadassin, une existence si nécessaire à la restauration du cours des alcools et à l'extension de la race des gogos. Bénédictus accepta leurs félicitations avec la simplicité d'âme d'un philosophe. Il avait prudemment arrangé les choses, de façon que quelque chose lui restât de la fortune de sa femme, en cas de séparation. Il avait des amis dans la justice et était convaincu que les choses tourneraient bien. Ce fut même, pour lui, une distraction agréable de réunir rétrospectivement les preuves de la perfidie de sa femme et de s'assurer qu'il était cocu depuis beaucoup plus longtemps qu'il n'avait pu l'espérer. Il mijotait son dossier avec complaisance, le bourrait d'inductions ingénieuses, préparait, en un mot, la belle séance de la revanche devant la magistrature de son pays.

Et, durant ce temps, Charlotte caressait le rêve de vivre tout à fait avec le lieutenant Von Schuller, et de le faire surprendre quelquefois par de faux maris pour lui rendre l'exceptionnelle ardeur qu'il avait témoignée à l'heure du péril.

Et, dans la ville, on causait gaiement du procès à venir, dans les salons et sur le Teil, entre le Dom et le Pfarsthum, échangeant leurs cigognes comme des volants roses entre d'énormes raquettes.

III

Cependant, le grand jour est venu.

Toute la fashion francfortoise est à son poste. C'est un ruissellement de jolies toilettes le long des escaliers du prétoire où personne ne peut plus pénétrer, les dernières places y étant prises d'assaut. Les chicanous prussiens ne sont pas moins solennels que les nôtres, avec une pointe de mondanité prétentieuse quand l'occasion leur échoit de donner une représentation devant un public aussi select. Le président Johannisberg von Bourrik, très répandu dans la société élégante, minaude comme un gros chat et crible d'œillades les belles spectatrices à qui il a pu procurer des billets. Les autres dodelinent débonnairement du chef comme des gens disposés à l'indulgence pour l'amour, à la condition toutefois que celui-ci les en récompense. Et le procureur donc ! Le procureur, dont les sourcils froncés et broussailleux proclament, par avance, que la bagatelle n'a aucune faveur à attendre de lui. Le nom du lieutenant Von Schuller est dans toutes les bouches. Il est prodigieusement à la mode et de fort honnêtes dames ne protestent que faiblement quand on assure qu'il les a remarquées ou même qu'il leur a fait la cour. Pauvre madame Bénédictus ! Elle croit que ce bel oiseau lui sera fidèle ! Ma foi ! tant pis ! elle n'avait qu'à ne pas tromper son mari ; et un vent imprévu de moralité soufflant parmi toutes ces têtes folles, on se mit à plaindre sérieusement le boursier, un courageux coquin dans son état, et qui ne méritait pas son sort.

La clef de l'affaire est, en réalité, aux mains du domestique Mathias qui, seul, a pu être invoqué comme témoin. Mathias a la conscience de cette importance de son rôle. Lui aussi a pris l'air d'un défenseur des bonnes mœurs et l'on pressent, qu'en regrettant sa franchise, il est décidé à être franc jusqu'au bout. Aussi une grande curiosité s'attache-t-elle à sa comparution à la barre.

— Vous jurez de dire la vérité, toute la vérité et rien que la vérité! lui dit le président Johannisberg von Bourrik, après lui avoir demandé ses nom et prénoms.

— Je le jure! fait Mathias, étendant en avant, comme un Horace, une grosse main dégantée de sa lourde enveloppe de peau de chien.

— Que s'est-il passé ce jour-là? continue le président.

— Le lieutenant Von Schuller est arrivé à une heure, comme monsieur venait de partir, et madame l'a reçu comme d'ordinaire, dans le petit salon.

— Et après?

— Madame a emmené le lieutenant dans sa chambre.

— Et après?

— Je pourrais dire que je ne sais plus rien.

— Oui, mais vous avez juré de tout dire.

— Eh bien! m'étant mis l'œil au trou de la serrure, j'ai vu madame se déshabiller, le lieutenant aussi et tous deux se mettre au lit.

— Après?

— Le lieutenant a pris madame dans ses bras et lui a mis la bouche sur la bouche, lui enfonçant la tête dans l'oreiller.

— Après?

Mathias devint plus rouge encore. C'est une véritable pivoine qui sortait de sa ridicule cravate plate et blanche de laquais.

— Après ?... Après ?... murmura-t-il, je n'oserai jamais dire devant une telle assistance.

Mais le président Johannisberg von Bourrik prit un ton très menaçant.

— Prenez garde, Mathias ! fit-il, vous avez juré de dire toute la vérité.

Mathias se réenhardit sous ce coup de fouet.

— Eh bien ! après, monsieur le président, je n'y tenais plus et j'ai été trouver Catherine !

Le boursier Bénédictus fut, très justement, débouté de sa demande et condamné aux frais, ce qui fit s'épanouir, dans les chapeaux élégants, un véritable bouquet de sourires reconnaissants que huma, comme une fumée d'encens, le président Johannisberg von Bourrik.

RÉVEILLON

RÉVEILLON

I

C'est grande réjouissance, en cette nuit-là, dans le ciel comme sur la terre, et les bienheureux qu'endort quelque peu la monotone extase des harpes et des trombones aux pieds lumineux de Jéhovah n'ont garde de laisser passer cette occasion de s'amuser un peu, honnêtement s'entend, et comme il convient dans leur paradisiaque séjour. Saints et martyrs, ayant déposé leurs nimbes et leurs palmes au vestiaire de l'Infini, se livrent aux distractions que comporte leur goût personnel. Saint Pierre siffle dans sa clef pour attirer les merles. Saint Denis qui adore le jeu de boules, depuis qu'il a retrouvé sa tête, fait un cochonnet solitaire en poussant de nouveaux astres sous les lunettes étonnées des astronomes. Saint Sébastien fait flèche de tout bois et saint Laurent, qui a tendu des cordes sur son gril, en tire de délicieux airs de mandoline. Saint Joseph, qui a gardé de la rancune aux pigeons, mijote, sur le fourneau embrasé des constellations, une colossale crapaudine. Seul, dans cet élan de gaieté innocente, saint Antoine demeure éperdument mélancolique et exécute, par les chemins de l'azur, la mimique désespérée d'une âme éternellement en peine.

C'est que, dans son oreille, gémit encore la grande lamentation des porcs fraternels qu'on égorge, depuis deux jours, ici-bas, pour les charcutières agapes des chrétiens. Étant donné le temps qu'il faut aux sons pour monter de notre fange au glorieux palais des élus, il entend encore, et perçoit maintenant seulement, les cris horribles d'angoisse que le couteau a plantés aux chairs des dernières victimes. Et se remémorant les vertus de son légendaire compagnon, dans cette vallée de larmes, le bon saint ne peut retenir ses larmes. Dans ses yeux embués passe la vision effroyable des jambons roses encore dans la fumée crépitante des sarments, des hures ensanglantées où l'on plante des pistaches, des saucisses qui se déroulent comme la corde d'un puits, et des boudins obscènes se gonflant au milieu des rires des filles de ferme. Voilà ce que fut la santé radieuse, la belle humeur sonore du seul être ayant mérité vraiment le nom de philosophe dans l'humanité? Socrate, au moins, n'avait bu que de la ciguë, sans être déshonoré ensuite par les sobriquets aussi ridicules que posthumes de galantine, de petit salé, de fromage de cochon !

Et sous le poids de ces méditations douloureusement reconnaissantes, la gaieté de ses camarades en sainteté lui faisant mal, saint Antoine se dit qu'une bonne tentation, comme il avait eu la sottise de la repousser autrefois, pourrait seule le distraire de ce fâcheux état d'esprit. Mais où trouver, au Paradis, les impudiques charmeresses nécessaires à ce genre de divertissement? Ni Circé, ni Hélène, ni Lucrèce Borgia, ni Ninon de Lenclos ne furent admises dans la société select mais embêtante où il était condamné à vivre. L'idée de demander à sainte Agnès de se déshabiller pour lui faire des agaceries ne lui vint même pas à l'esprit. Sainte Thérèse y paraissait mieux disposée, mais saint Antoine, qui a beaucoup vécu, n'apprécie pas le mysticisme dans la nudité. Tout au souvenir de ses callipétardières apparitions au seuil de son terrestre ermitage, il se demanda, anxieux, s'il ne pourrait pas retourner, douze heures seulement, sur terre, pour y revoir les nobles derrières qu'il avait tant à cœur.

A ce moment juste, un notaire fit un trou dans la lune. Avant que cette porte inattendue ait eu le temps de se refermer, saint Antoine l'enfila furtivement, puis s'accrochant aux cheveux d'une étoile filante, se fit descendre, fort habilement, en plein

Paris. Minuit sonnait quand il mit le pied sur le boulevard, d'insensibles bourdons annonçant les messes lointaines et Maurice Bouchor achevant de dire les derniers vers de son beau Noël.

II

Saint Antoine constata avec plaisir que les femmes n'étaient pas devenues plus laides depuis le temps où elles étaient si volontiers inconvenantes avec lui. Les mêmes belles chevelures blondes et brunes mettaient leur ombre sur les mêmes fronts sans rides. Les regards et les sourires continuaient à mentir délicieusement dans leurs yeux et sur leurs lèvres. Les nobles rebondissements de leur corps avaient gardé aux désirs leur invincible amorce. Mais il lui sembla qu'elles étaient plus affairées qu'autrefois et moins bonnes filles. Bien qu'il eût eu la précaution de chiper un peu de poussière d'or à la comète ingénue qui lui avait servi d'omnibus, il n'obtint pas les succès rapides sur lesquels il avait compté, n'ayant pas de temps à perdre. Et puis toutes ne pensaient qu'à se bourrer de charcuterie truffée. Dans des quartiers moins luxueux trouverait-il peut-être des maîtresses plus conciliantes. Cette réflexion l'induisit à gravir la colline de Montmartre où des ribauldes sans prétention lui firent, en effet, un plus encourageant accueil. Seulement la plupart traînaient derrière elles des gentilshommes triplement pontés, balançant des gourdins derrière leur dos. Sans être autrement poltron, saint Antoine jugea qu'on serait mieux à deux pour faire la noce dans ces élyséennes régions. Justement ne se heurta-t-il pas à un promeneur semblant chercher aussi un compagnon. Notre précieux Cadet-Bitard qui, lui aussi, dans les grands débordements de joie populaire, éprouvait le besoin d'une quasi-solitude et de s'encanailler sournoisement. Leur premier mouvement à tous les deux fut de s'injurier sur leur commune maladresse. Mais quand ils eurent échangé leurs cartes, Cadet-Bitard, qui est de fond clérical, n'eut pas plus tôt vu celle de saint Antoine qu'il se confondit en respectueuses excuses :

— Vous êtes seul, cher monsieur et saint ? lui demanda-t-il.

— Oui, seul! fit tristement le bienheureux. Et, en quelques mots émus, il peignit à Cadet-Bitard sa désolation d'être privé du compagnon dont l'âme s'était envolée dans le fumet d'un boudin.

— Voulez-vous me permettre de le remplacer, cher maître? poursuivit mon ami.

Et comme le saint semblait hésiter, Cadet l'entraîna dans un cabaret de poètes qui n'est pas loin, et, à brûle-pourpoint, devant deux bocks furieusement servis, lui lança ce sonnet en plein visage :

> Malgré Noël et ses tueries,
> Tous les cochons ne sont pas morts,
> Et j'en connais, dont, sans remords,
> Je ferais des charcuteries.

> Tous artisans en cuistreries,
> Bourgeois, politiciens, recors,
> Goinfres ayant fait, de leurs corps,
> De vivantes boyauderies,
>
> Matière à saucisson sans fin,
> S'il est gens ayant assez faim
> Pour s'en graisser le péritoine!
>
> Non! non! Tu n'es pas délaissé.
> Si ton vieux porc est trépassé,
> L'homme te reste, ô saint Antoine!

— Et il me suffit, fit le saint en remerciant avec infiniment de courtoisie. Je ne vous cache pas que la femme ferait mieux mon affaire.

— Qu'à cela ne tienne! riposta Cadet-Bitard. Qui dit l'un dit l'autre. Les deux font la paire! (on dit : le père, quand il s'agit du mari et de l'amant.) Il est deux heures du matin, les bonnes paillardes qui n'ont pas fait leur affaire dans les cabarets élégants vont nous rabattre ici. Ruons-nous à belle cuisine amoureuse avec ces désabusées! Baiser console de gueuserie. Les voilà qui entrent avec leurs plumes un peu défrisées. Holà! Marguerite! Ici, Geneviève! Viens çà, Jane! Un peu de tentation, s'il vous plaît, pour un pauvre saint qui n'en a pas eu depuis longtemps!

— Étais-je bête autrefois! murmura saint Antoine en ouvrant deux soupiraux de concupiscence sur les folles qui riaient déjà de leur déconvenue.

III

Marguerite était blonde — Geneviève brune — Jane rousse. Saint Antoine témoigna d'un éclectisme en matière de chevelure, tout à l'honneur de ses sentiments de tolérance et de conciliation. Dans le camarade joyeux et entreprenant que s'était fait Cadet-Bitard, on eût malaisément reconnu l'ascète d'antan se tordant les poignets à une croix de bois pour arracher sa chair médiocre à la dent vorace des voluptés. Il fit le plus clair des frais de sa propre tentation. Jamais héros de chasteté ne succomba avec cet entrain. Ce fut le monde et la Bible renversés : Joseph violant madame Putiphar. Il promit à toutes ces dames leur entrée au Paradis, ne se doutant guère qu'à ce moment même saint Pierre venait de boucher sa clef, en y sifflant avec un noyau de cerise dans la bouche, ce qui l'empêcherait de laisser entrer personne au ciel de longtemps.

Cependant une façon de fumée blanche indiquait à l'horizon le flamboiement prochain de l'aurore dans le ciel froid d'où fuyaient les dernières étoiles. Dans un roulement sourd, les fiacres emportaient les réveillonneurs hébétés. Raoul Ponchon renouvelait la litière du bœuf et de l'âne qui avaient causé avec les bergers et les mages de la galerie Vivienne, tout près du berceau de l'enfant Dieu. Saint Antoine comprit qu'il était l'heure de rentrer et de réintégrer le Paradis. Cadet-Bitard et lui s'embrassèrent cordialement.

— Je ne regrette plus l'autre! dit affectueusement le saint à notre ami.

Restait à trouver une façon de remonter au ciel. Par bonheur, la lune n'avait pas complétement disparu encore. Un second notaire y fit, à point, un second trou qui permit à saint Antoine de rentrer chez lui par le même moyen qu'il en était sorti. Il y avait grand émoi là-haut. En voulant déboucher sa clef par de furieuses aspirations, saint Pierre l'avait avalée et saint Oculi avait été chargé par Dieu de la lui faire rendre par tous les moyens de droit, même en assignant Sarcey à l'instar de Becque, s'il était besoin.

LE SIGNAL

LE SIGNAL

I

Un de ces jours d'hiver, sans une éclaircie, implacablement gris et semblant rouler dans l'air une poussière acide de plomb, effroyablement mélancoliques et poussant à d'inavouables tentations la tristesse des pensées. Quatre heures du soir et la nuit tombant déjà, lourde, opaque, faite d'ombres humides et condensées, avec des brouillards comme en ont, aux naseaux, les bêtes exténuées, poussives dans le halètement des fiacres écrasant la boue sur la chaussée, et, dans cette obscurité hâtive déjà le clignotement sournois des becs de gaz et la tache jaune des premières devantures éclairées. L'ennui suant des murailles et montant du pavé, le désœuvrement de ces heures aussi mal faites pour le travail que pour le plaisir. En voilà plus qu'il n'en faut, j'imagine, pour excuser notre ami Cadet-Bitard d'être entré dans une de ces brasseries des environs du Château-d'Eau où l'avait conduit sa promenade, où les fainéants boivent de l'absinthe longtemps avant le dîner en compagnie de demoiselles qui les accompagneraient volontiers à table, estaminets louches frisant le lupanar et dont Jean Béraud a peint, avec la vivacité de son viril talent, les hôtes ordinaires et les habituées en quelques petits tableaux qui figureront, en codicille, au testament de ce siècle.

Une fumée de tabac, se teintant de bleu et de jaune suivant qu'elle passait, dans son roulis de vague, sur des profondeurs obscures ou sur des lumières, flottait, dans la longue salle, traînant, après elle, des relents d'alcool cueillis au bord des verres. Ce n'est pas qu'il y eût grand monde encore, mais l'empuantissement des dernières soirées se mêlait à celui du jour, adhérant aux tentures poudreuses, au velours usé des sièges, aux plantes grasses même érigées en faisceau à l'un des angles du comptoir où deux grosses dames se tutoyaient du pétard à chaque mouvement, débordantes de la banquette rouge entrevue entre leurs jupes, lourdes idoles devant lesquelles se dressaient de petits autels en morceaux de sucre concassé.

Etant entré là seulement pour fuir le brouhaha, traversé de courtes averses, de la rue, notre Cadet s'assit au hasard, demanda à boire n'importe quoi et, de ses doigts encore un peu gourds, roula maladroitement une cigarette. Puis il regarda de côté et d'autre, cherchant où ses yeux s'arrêteraient avec le moins de dégoût. Parbleu ! pas bien loin, sur une table que deux autres séparaient seulement de la sienne, une boisson américaine, de couleur fausse, mettait comme de la topaze liquide dans un grand verre où une paille était plantée. A côté du verre un journal illustré, plein de binettes d'assassins, grand ouvert et absorbant l'attention d'une jeune dame qui paraissait être entrée là aussi pour n'avoir rien trouvé de mieux à faire. Sa mise était, en effet, d'un goût relativement bon, un peu celle d'une petite bourgeoise qui ne manque pas de coquetterie. Courbée comme elle l'était sur sa lecture, un manteau un peu large ne permettait pas de juger sa taille. Mais, de son chapeau se détachait très nettement son profil, lequel était vraiment d'une Parisienne, bien encadré d'une jolie chevelure châtaine, avec des chairs fines et très blanches de citadine à qui manque le grand air. Ses mains, petites, étaient gantées de suède. Machinalement, de temps en temps, sans que ses yeux quittassent la page, elle plongeait la paille dans le verre et y mettait à peine ensuite le bout des lèvres, comme quelqu'un qui boit pour se donner seulement une tenue. Ce manège n'en était pas moins charmant et un vieux qui couvait la liseuse de ses petits yeux concupiscents n'en perdait pas un mouvement, ayant, à ses paupières rouges, des buées de libertinage et à son piton de buveur de petits frémissements de narines qui amusèrent fort Cadet et lui inspirèrent le sonnet descriptif suivant :

PENSÉE COUPABLE

Le jour bas tombe d'un rideau
Et, dans le cristal qu'il caresse,
Le fétu de paille se dresse,
Emperlé d'une goutte d'eau.

Trouvant la vie un lourd fardeau,
Le vieux, qui cherche une maîtresse,
Près de sa voisine se presse,
Gonflant son torse de lourdaud.

— Ah ! que ne suis-je la fougère ?
Murmurait, d'une voix légère,
Daphnis aux filles du hameau.

Le vieux, hochant sa tête mûre,
Regarde le verre et murmure :
— Que ne suis-je le chalumeau !

Sacré poète, va! mais son observation se doubla d'une certaine fierté quand il s'aperçut que, tout à fait insensible aux concupiscences du roquentin, l'inconnue glissait, de temps à autre, sur lui-même, un oblique regard empreint d'une bienveillante curiosité. Tout à coup, comme pour fuir les importunités du vieux qui cherchait à engager la conversation, elle prit son verre, son journal, et se rapprocha vivement de notre ami, une petite odeur doucement grisante montant de sa toilette remuée. Décidément, elle avait, dans ce qu'elle montrait d'elle, de jolis détails : des yeux charmants, d'abord, où passaient, dans un bleu tendre, des reflets d'améthyste; une jolie bouche où se devaient figer les baisers; quelque chose de hautain dans la physionomie qui n'était pas pour déplaire. Brusquement, Cadet l'invita à dîner.

— Mais mon mari m'attend, lui répondit-elle.

Il n'eut pas de peine à lui démontrer que cela ne faisait absolument rien.

II

Comme on venait d'apporter seulement, dans la cheminée du cabinet où il l'avait amenée, de quoi faire une flambée, elle demanda à garder encore un peu son manteau. Elle était d'ailleurs charmante ainsi, emmitouflée comme une chatte angora dans sa naturelle fourrure, frileuse avec de petites minauderies exquises. L'intimité vint, rapide, entre le potage et les hors-d'œuvre, non pas inquiétante cependant déjà pour la morale publique, mon seul souci. Mais l'inconnue fut délicieusement confiante. Elle s'ennuyait dans la vie. Elle accepterait bien un ami qui ne demanderait aucun sacrifice à son honneur, un camarade qui la traiterait elle-même en bon garçon. Cadet sait ce que vaut l'aune de ce platonisme. Il ne daigna même pas protester, aimant encore mieux être discourtois que paraître trop naïf. Il s'enchantait doucement à ce bavardage comme à une musique dont le sens mystérieux vous est tout à fait indifférent. Ayant coutume de ne jamais manger son bien en herbe — ce qu'il faut laisser à ceux qui mangent de l'herbe — il n'avait, vis-à-vis de sa convive, aucune de ces mauvaises façons que les goujats seuls se permettent avec les dames et où s'escompte, en menue monnaie de pelotage, la belle ivresse finale où tout doit se donner à la fois. Il était à demi respectueux, non par respect réel, mais par égoïsme et bonne entente de son propre plaisir. Cependant sa main s'enhardit un instant, sous le manteau, et il ne put réprimer une petite grimace de désappointement. Après tout, il avait peut-être mal cherché. Mais le manteau commençait à l'ennuyer. Il tenait à voir ce qu'il y avait dessous. Il commença à se plaindre de la chaleur de la pièce pour lui-même. Elle lui offrit gracieusement d'ouvrir la fenêtre. Ce n'était pas son compte. Est-ce qu'elle portait au dos une fourrure de Nessus? Il finit par lui demander très nettement de s'en dépouiller.

— De tout cœur, cher Monsieur, fit-elle.

Et elle lui révéla le néant pressenti, dans toute son horreur. C'était une personne qui aurait pu prendre dans un dé à coudre son bain de siège.

Son parti fut pris immédiatement. Il ne se sentait plus capable d'aimer.

Oui, mais, à mesure qu'il se détachait de son rêve, celui-ci se cramponnait à lui davantage.

Vous savez les jolis vers d'Auguste Barbier disant du livre d'Amour et de deux amants:

> Pourquoi, quand l'un d'eux veut ce livre clore
> Soit par lassitude ou désir de mieux,
> Voit-on aussitôt l'autre malheureux
> Au livre d'Amour vouloir lire encore !

C'est qu'elle y voulait lire absolument, la mâtine. La fin du repas, laquelle ne fut, de sa part, qu'un élan de tendresse en plusieurs services, fut une vraie torture pour le malheureux Cadet qui se sentait de moins en moins en état de se mesurer à ce séraphique derrière de pur esprit.

III

Ce fut pis, une fois dehors. Son mari l'avait attendue pour dîner. Il pouvait bien l'attendre un peu davantage encore. Le péril était imminent. Pour la première fois, Cadet sentait passer, en lui, un peu des frémissantes pudeurs de la chaste Suzanne. Un miracle d'imagination le pouvait seul sauver. Il crut avoir trouvé.

— Madame, fit-il avec une solennité douce, la délicatesse me fait un triste devoir de ne pas répondre plus longtemps à votre si flatteuse sympathie.

Elle le regarda sans comprendre.

— Mais qu'êtes-vous donc? lui demanda-t-elle enfin, avec de l'angoisse dans la voix.

Très simplement, il reprit :

— Chef de brigands.

Mais elle lui sauta au cou.

— Mon rêve ! s'écria-t-elle.

Et, avec une volubilité charmante, elle lui expliqua qu'elle adorait les aventures, haïssait la société, et était prête à tout pour ne le quitter jamais.

Le coup était manqué. Il chercha des obstacles.

— C'est que j'aurai besoin de vous ce soir même, tout à l'heure... pour un crime horrible.

Il espérait l'épouvanter.

— Quel bonheur! fit-elle en battant des mains.

Il fallait brusquer la situation. Il fit un nouvel appel à son génie.

— Eh bien, Madame, puisque vous êtes si résolue à tout, vous allez m'attendre là, sous l'encoignure de cette porte, sans vous montrer, et en cachant le mieux possible votre visage. Mes compagnons sont embusqués au coin de la rue voisine et je vais me mettre à leur tête. Au signal que je vous donnerai, dans un instant, vous nous rejoindrez.

Fiévreuse, les yeux dans ses yeux, frémissante comme une lionne, tout à fait héroïque et superbe, elle lui demanda d'un accent profond et terrible :

— Et quel sera le signal ?

Cadet, qui avait trouvé, leva la jambe; une pétarade sèche fouetta l'air mouillé et il disparut parmi les ombres, dans la nuit lourde, opaque, faite d'ombres humides et condensées, avec des brouillards comme en ont, aux naseaux, les bêtes exténuées, poussives sous le halètement des fiacres écrasant la boue sur la chaussée.

EXCELSIOR

EXCELSIOR

I

— On serait bien, cependant, Félicité, dans votre grand lit, sous la transparence bleue des rideaux...
— Y pensez-vous, Polydore !
— Je ne pense même qu'à ça.
— Chez moi, Monsieur, jamais ! j'ai juré à feu mon mari que je respecterais cet asile de nos légitimes tendresses.
— Mais vous n'avez juré de rien respecter chez

moi. Moi aussi j'ai un grand lit, avec un baldaquin doublé de rose en dessous et qui est tout à fait avantageux pour le teint.

— Chez vous, Polydore ! Pour qu'on me voie entrer et sortir. Vous êtes fou !

— De vous, oui, Félicité. Je vois que vous êtes pour le plein air. Je sais un délicieux coin de bois, très retiré, presque inaccessible.

— Où l'on arrache ses jupons, merci !

— Je sais encore, au bord d'une petite rivière...

— Un nid à rhumatismes ! Vous êtes trop bon pour moi...

— Vous avez certainement remarqué que les fiacres de Toulouse sont, à ce point de vue, d'un confortable...

— Quelle horreur !

Polydore s'arrêta, réfléchit un instant, puis approchant sa tête de celle de Félicité et lui prenant les mains avec une tendresse infinie :

— Alors, nulle part, méchante ? lui dit-il sur un ton navrant de reproche. Autant dire que vous ne voulez pas tenir votre promesse. Feu votre mari a eu plus de chance que moi.

— Je vous jure que si, Polydore. Mais quelque chose de moins révoltant, un désir moins banal, une atmosphère plus en relation avec la passion élevée que vous m'inspirez. Que voulez-vous, mon ami, malgré la date peu lointaine de ma naissance, je ne suis pas du tout fin de siècle. Je rêve l'amour en plein azur, entre ciel et terre, tout près du monde des étoiles, avec des ailes qui vous emportent et de purs souffles qui vous caressent...

— J'ai votre affaire, fit résolument Polydore. Vous avez dit : en plein azur, entre ciel et terre, avec des ailes et des souffles ? Vous n'en demandez pas davantage ? C'est fait ! ou, du moins, avant huit jours ce sera fait. Votre parole.

— La voici, mon ami, dans ce serrement de main, qui vous dit que ma tendresse impatiente est égale à la vôtre. Mais n'oubliez rien. Ce serait à recommencer.

— Je m'en sens fort capable, Félicité ! conclut Polydore avec son exquise fatuité languedocienne.

Et ce petit entretien avait lieu, il y a deux lunes à peine — et dont pas une ne vaut la vôtre, marquise — dans un délicieux entresol de la rue Ventemizou, à quelques centaines de pas de la Garonne, entre dame veuve Félicité Pétaud, née de Tabelmayre, et le sieur Polydore Fessier de Loulay, godelureau de son état et absolument épris de son interlocutrice. Je vous crois, mes petits pères ! Un pur échantillon de notre chère beauté latine ; chevelure sombre où semblaient avoir saigné des airelles ; yeux veloutés comme les pétales d'iris infernaux ; bouche effarouchant, pour sourire dans la blancheur des dents, l'ombre d'un imperceptible duvet ; teint ambré de pêche criant sous l'argent du couteau. Et la belle souplesse du torse semblant faite d'une révolte de vague. Et l'*incessu patuit Dea* virgilien ! Beaux nénés, beau col (ne prenez pas une lettre pour une autre, messieurs les protes !) et le « reste », comme dit le fabuliste. (Oui, ne vous trompez pas de lettre, messeigneurs ! qu'o, qu'u restent chacun chez eux, et vous aussi, si vous ne voulez pas l'être !)

15.

De quoi satisfaire un connaisseur, l'ancienne demoiselle de Tabelmayre! Il n'y avait que sa capricieuse imagination, son humeur fantaisiste, sa nature évaporée, qui pussent inquiéter. Elle avait cependant, dans son pétard, un rude contrepoids à ces billevesées, et qui la devait retenir sur terre, malgré que son esprit voyageât sans cesse dans les sphères éthérées.

II

Polydore n'avait pas menti en disant qu'il avait son plan. Et ce plan réalisait absolument les exigences poétiques de Félicité. Les allées Lafayette sont une continuelle kermesse qui commence par des marchands de bonbons et finit par d'héroïques chevaux de bois, bien fournie, entre les points extrêmes, de saltimbanques, de lutteurs, de femmes géantes et de nécromanciennes. Mais, en ce moment-là, une *great attraction* rendait le populaire, variable en ses goûts, indifférent à toutes les autres; le ballon du capitaine Malefesse, aéronaute marseillais, qui, tous les jours, à trois heures, s'enlevait au milieu des bravos enthousiastes. Polydore l'alla trouver incontinent, — beaucoup plus incontinent que Scipion — et le supplia de lui apprendre son art en huit leçons. Malefesse était un Provençal bénévole, qui, moyennant une rétribution honorable, accéda immédiatement au désir du godelureau. Donc, durant toute une semaine, celui-ci l'accompagna dans ses aériennes traversées; après quoi son professeur lui délivra un brevet de capitaine aussi. Car il n'y a pas de moindre grade dans l'armée des ballonniers et l'air refuserait de les emporter s'ils n'avaient, au moins, à leur casquette marine, trois galons d'or. Après cette solennelle investiture, suivie de l'accolade fraternelle, Polydore déclara à Malefesse qu'il lui donnerait encore un peu d'argent, s'il lui voulait bien prêter, sans en parler à personne, son aérostat pour toute une nuit, bien chargé de gaz et en état de braver même la tempête. Malefesse accepta et jura sur les cendres de Pilâtre de Rozier que tout cela serait fait. Ce petit traité conclu, Polydore retourna auprès de la belle veuve et lui proposa la petite promenade à deux, en plein azur, entre ciel et terre, avec des ailes et avec des souffles dont il avait été question entre eux, un peu plus haut. Après quoi il exhiba son brevet d'officier pour inspirer une confiance sans bornes. Félicité, qui était la probité même, convint que son programme était parfaitement rempli et, sincèrement touchée du mal que s'était donné le pauvre garçon pour arriver jusqu'à elle, lui promit que la première nuit sans nuages les verrait tous deux emportés dans le même rêve réel, intrépides nautoniers de l'espace, amants à qui ne suffisent plus ni les divans profonds ni les odeurs légères dont le désir de Baudelaire se contentait.

III

O nuits toulousaines qui semblent faites d'étincelles s'envolant, sous un choc invisible, des flancs durs, sombres et bleus d'un immense lapis! Nuits toulousaines qui promenez des poussières d'or au-dessus du nuage que font les poudres blanches du chemin! Pleines de chansons, et de parfums de tilleuls en fleurs, et de violons gémissants au seuil des cafés ouverts jusqu'à l'aurore. Nuits de paresse et de voluptés lentes où semblent voler des baisers sur les ailes veloutées des phalènes! C'est par une de ces nuits qu'ils partirent incognito, notre Polydore et notre Félicité, soulevés par une brise tiède d'abord, puis se dégageant des vapeurs vitales de la terre, balancés au-dessus du Capitole et de Saint-Sernin, comme sur une obscure escarpolette. Une grande intrépidité était aux yeux de la veuve et ceux de Polydore lançaient des flammes de plaisir. Au-dessus d'eux, les étoiles filantes faisaient passer comme un vol de javelots, et il leur eût semblé doux que quelqu'une de ces flèches monstrueuses, du même coup, traversât leurs deux cœurs. Ils avaient prudemment emporté des vivres. Car le souci de l'Idéal ne doit rien laisser oublier de ce qui nous permet de l'aimer plus longtemps. Félicité s'était munie d'une bouteille de champagne et Polydore d'une terrine de cassoulet expressément venue de

Castelnaudary, pays des cassoulets respectables, voisin de Montastruc où Soissons a choisi sa méridionale succursale. Aussi firent-ils un délicieux repas, entrecoupé de baisers fous. Félicité but presque tout le champagne et Polydore consomma le cassoulet presque tout entier. Après quoi, ils montèrent plus haut encore, le balancement de la nacelle ne leur permettant cependant que ce que nos pères appelaient « les menus suffraiges » de l'amour. Le voisinage des astres, la pureté du ciel, le silence absolu des choses, l'appréhension délicieuse elle-même du commun péril, les dégageaient, malgré eux, des matérialités immédiates! Ils savouraient, en gourmets, ce bonheur de se désirer longtemps, tout en étant si près l'un de l'autre, et la souffrance exquise de souhaiter comme impossible ce qu'ils avaient sous la main.

Les aurores sont hâtives en juillet. Une vapeur blanche d'abord, puis légèrement rose à l'horizon, quelque chose comme le duvet de la plume d'un ibis s'éparpillant dans l'obscurité pâlissante. Puis les formes se profilant, une à une, comme si le monde sortait une seconde fois du chaos. Des oiseaux passant, au-dessous d'eux, comme des points noirs jetés dans l'espace. Il était temps de redescendre pour atterrir avant que le grand tumulte humain se fût répandu partout en mille ruisseaux comme un fleuve. Polydore, tout en se plaignant que de si belles heures fussent si vite passées, fit les manœuvres nécessaires au débarquement. Il déchargea le ballon d'une partie de son fluide, et peut-être le fit-il avec excès, car le ballon retomba avec une rapidité qui le mit très vite en vue des reliefs habités du globe terrestre.

— Pas ici ! Pas ici ! fit Félicité en reconnaissant l'endroit. Nous sommes en plein Castelnaudary où j'ai toute ma famille. Nous allons nous piquer sur le clocher !

Il fallait remonter à tout prix.

Mais on avait épuisé le lest dans l'impatience de l'ascension. Il était nécessaire de jeter n'importe quoi pour reprendre du champ dans l'azur. C'est ainsi qu'un malheureux propriétaire de Castelnaudary qui bâillait, en ouvrant ses volets, eut le larynx subitement obstrué par un parapluie ; qu'un ivrogne qui avait dénoué ses chausses le long de la muraille reçut une montre à répétition dans le fond de sa culotte ; qu'un sergent de ville fut coiffé du pot de grès qui avait contenu le cassoulet, et qu'un malheureux chien qui avait levé la patte pour un besoin naturel l'eût coupée net par une boîte de sardines vide. Inutile dépense de vaisselle. A peine le ballon montait-il un peu, et, aucun souffle ne lui poussant au flanc, demeurait-il toujours au-dessus de la cité s'éveillant, tandis que Félicité se désespérait et accablait de reproches l'imprudent Polydore.

Plus rien à précipiter dans l'espace ! que faire ?

Polydore consulta sa science de capitaine et se convainquit que le seul moyen de donner un nouvel essor à l'aérostat était d'insinuer sous le taffetas un surplus de gaz nouveau. Oui ! mais où le prendre ? Aucun gazomètre à proximité ! Pas de papier à brûler pour transformer le ballon en montgolfière ! O noble cassoulet, entre en scène ! Parle, cassoulet libérateur ! En descendant sa main de son front pensif à son ventre tendu comme un tambour, Polydore comprit qu'il avait sur lui de quoi sauver la situation. *Omnia mecum porto !* s'écria-t-il lyriquement. A moi l'âme calomniée des farineux ! Haricots, à vos pièces ! Très galamment il s'était insinué, sous la culotte, une embouchure mise en relation avec le tube en caoutchouc par où s'emplissait le ballon avant le départ. Puis, à l'inverse du clystère, il poussa au lieu d'aspirer, il souffla au lieu de renifler des fesses. O merveille ! L'étoffe se déplissa légèrement, reprit les luisants rassurants de la plénitude, et, sans bruit, l'aérostat reprit sa course, pendant que madame Félicité se tenait les côtes de rire. Dépensez donc de l'héroïsme pour les femmes ! Celle-ci déclara net à Polydore qu'elle ne pourrait plus le regarder sans pouffer et qu'elle n'avait pas envie d'attraper, pour l'aimer, une maladie de rate.

Elle en était à cette déclaration sympathique, quand on descendit à nouveau pour atterrir à Montastruc où la veuve Pétaud ne connaissait âme qui vive. Mais il faisait grand jour et toute la ville était sur pied pour assister au débarquement.

— Béni soit le bon vent qui vous amène, belle dame ! dit galamment monsieur le maire à Félicité.

— Tout l'honneur en est à Monsieur ! répondit-elle en montrant ironiquement Polydore.

Vous verrez qu'avant six mois elle sera mairesse, et que le malheureux Polydore en sera pour tout le souffle qu'il a perdu.

MONSIEUR DAPHNÉ

MONSIEUR DAPHNÉ

I

Dans la solitude du boudoir tiède où les rideaux fermés tamisaient une très douce lumière, sous l'insensible balancement des grandes plantes exotiques dont un souffle léger faisait frémir les palmes, elle était à demi étendue sur le large divan, tandis qu'à genoux devant elle, il buvait, à travers les plis transparents d'une estivale toilette, l'odeur grisante de sa chair. D'un bras nonchalant elle lui entourait le cou, jouant, du bout de ses doigts fuselés, un silencieux adagio sur sa poitrine, comme sur un clavier vivant, chacune des notes ainsi ébauchées lui sonnant jusqu'au fond du cœur.

— Amaury, lui dit-elle tout à coup, ne trouvez-vous pas que depuis quelques jours le comte est singulièrement rêveur?

— Je ne m'en suis pas aperçu, Emmeline, répondit-il. Mais cela n'est pas surprenant. Car, lorsque je suis ici, ce n'est pas lui que je regarde.

— Se doute-t-il de quelque chose? je veux espérer encore que non. Car ce serait terrible, Amaury. Il vous tuerait comme un chien.

— Mourir pour vous me serait doux! fit-il avec une sincérité émue dans l'accent.

— Vivre pour vous me semble encore meilleur, mon ami. Mais soyons prudents. C'est une illusion peut-être de ma part, une folie de femme coupable et inquiète. Mais je trouve au comte un air étrange, quelque chose d'absorbé qui ne lui est pas naturel. Au lieu de passer des heures studieuses dans son musée ornithologique et de nous arriver ensuite tout joyeux d'avoir trouvé une nouvelle hérésie dans Buffon, il s'en va de ci, de là, sans qu'on sache où, disparaît des journées entières et nous revient tout morose. Se renseignerait-il? Nous tendrait-il des pièges? Aurait-il découvert le lieu de nos rendez-vous?

— Impossible, Emmeline! Cet asile est le plus mystérieux et le plus sûr qui soit au monde, à notre tendresse. Personne ne descend jamais jusqu'à ce coin de rivière où l'on est d'ailleurs complètement abrité par la saulaie épaisse au frisson d'argent et caché dans les hautes herbes. Qui pourrait soupçonner jamais que l'élégante comtesse de Mirelèvent s'en vient vivre là des idylles syracusaines avec le meilleur ami de son mari? Nul ne nous soupçonne ces goûts bucoliques. Nous choisissons d'ailleurs, pour ces oaristis, l'heure où la canicule enveloppe de feu tout le reste de l'univers et retient à la maison les plus intrépides, où votre époux fait la sieste dans son cabinet et où il vous croit lui-même assoupie innocemment dans ce lieu de repos. Moi-même je fais profession de m'enfermer dans ma chambre pendant cet incendie de l'air. Je vous y attends donc tantôt, comme les autres jours, ma chère âme, et je veux que ces billevesées s'envolent de votre aimable cerveau.

— Amaury, j'ai si peur de ce que j'ai cru voir que je ne vous le promets pas.

Mais un consentement muet était dans cette apparente hésitation. Car elle eût tout donné et tout risqué, la belle impudente, pour ces instants délicieux en pleine nature complice des caresses, dans la poésie d'un rêve dont le bercement voluptueux la suivait longtemps encore à travers l'odieuse réalité — celle d'un mari honorable mais ennuyeux et qui n'avait jamais compris tout ce qu'il y avait de fantaisie délicieuse en elle. Au reste, Amaury seul avait su donner à ses caprices un cours qui les satisfît absolument. Il n'avait eu besoin, pour cela, que de cette intuition exquise des goûts les plus obscurs d'une femme que nous donne l'amour fervent et sincère dont nous l'aimons.

Comme à l'ordinaire, Emmeline fut fidèle au rendez-vous.

II

Imaginez un coin du Paradis perdu. C'est dans une promenade sentimentale au bord de la rivière qu'ils avaient découvert cette oasis en s'aventurant dans des verdures épaissies s'ouvrant soudain sur une éclaircie vraiment inaccessible à tous les regards, protégée par un rideau de taillis du côté du chemin et par une épaisse saulaie du côté de la rivière, avec un véritable lit de joncs pliants et de plantes flexibles, des cris sauvages à l'entour, et le frôlement des ailes vertes du martin-pêcheur dans les roseaux sur lesquels flottait un vol transparent de libellules. Des aromes subtils et encourageant aux baisers montaient de cette flore à demi aquatique se prolongeant sur l'eau en nénuphars jaunes, pareils à de larges étoiles tombées du ciel. Il faut plaindre ceux qui n'aiment pas ces appels vibrants de la Nature à la douceur des embrassements, sous le regard bleu du ciel, dans le grand rut des êtres et dans la fraternité sainte des choses. Tous les cœurs que secoue encore un peu de vrai sang bondissent sous le fouet de l'amour sensuel que déploie encore la main lasse du dieu Pan, l'âpre vent des désirs qu'on respire avec l'air. Emmeline et Amaury n'en étaient pas, Dieu merci! encore à ce point de décrépitude de passer indifférents dans cette fournaise pleine d'un étincellement de baisers. Ils avaient senti, comme les apôtres, des flammes passer dans leurs cheveux et en descendre. Leurs bouches s'étaient collées l'une à l'autre, dans cet enchantement, comme deux fleurs qu'un même souffle rapproche, comme deux étoiles filantes que heurte un caprice du ciel. Et, justement honteux d'être vêtus dans ce temple des païennes tendresses, fait pour le sommeil d'Endymion et les nocturnes visites de Diane nue, ils avaient dépouillé leur bourgeoise défroque pour une plus grande sincérité des étreintes, pour que rien ne demeurât entre leur désir et son complet assouvissement. Nous sommes tous des imbéciles et des blasés qu'excite seul un bout de toilette et ne veulent que ce qu'ils ont troussé. Mais il est encore des âmes honnêtement amoureuses dans ces temps pervers et bien éprises de saine bestialité. Les chiffons ont moins servi la pudeur que la dépravation du rêve originel, celui qui faisait l'homme nu pareil aux dieux.

Et, cette belle découverte consacrée par l'ineffable volupté d'un premier séjour, revenaient-ils là, tous les jours, vivre en bergers de Théocrite, avec, pour uniques habits, les larges raies d'ombre que faisaient passer sur leur peau les feuillages ensoleillés au dehors, et, pour seuls bijoux, les coccinelles qui venaient poser un rubis sur les belles épaules blanches de la comtesse, pendant que de larges papillons venaient nouer une cravate éblouissante au cou d'Amaury. Bruyamment insupportables comme les messieurs qui pérorent aux rayons d'étoffes des grands magasins, les bourdons passaient aussi par là, très lourds et comme pour offrir à d'invisibles clients le velours de leurs corsages. Le bruit très doux de l'eau qui coule sur les pierres semblait rythmer le bruit des baisers.

Et ce jour-là, ils s'aimaient comme de coutume, plus encore peut-être par le vague pressentiment qu'elle avait d'un péril, dans ce délicieux oubli du reste du monde, dans cette confusion divine de leur chair et de leur pensée.

— Ah! mon Dieu! fit-elle tout à coup.

III

Elle avait montré, du bout de son doigt, quelque chose qui frémissait, assez loin encore, il'est vrai, dans le feuillage. Il souleva légèrement la tête des hautes herbes. Les branches palpitaient encore, en effet, d'un récent ébranlement.

— Sauve-toi, dit-il tout bas à Emmeline, il ne faut pas qu'on nous trouve ensemble.

Elle fit, tremblante, sans se relever, une brassée de ses vêtements, demeura, une fois debout, penchée vers la terre, de façon à ne pas dépasser la cime des roseaux, et, presque à genoux, se retira ainsi, un imperceptible sillon marquant à peine son passage. Elle put ainsi, en longeant la rive, regagner une autre baie où, également abritée, elle se put redéguiser en femme du monde.

Le soupir de soulagement que poussa Amaury en la devinant en sûreté, fut d'autant plus copieux que, les formes se dessinant mieux dans l'endroit suspect, il reconnut parfaitement le visage du comte derrière un embroussaillement déjà dépouillé de feuilles par la chaleur.

Il fallait penser à se sauver soi-même.

Un vieux saule était là, complètement évidé à l'intérieur. Comme il arrive souvent, le tronc n'était plus qu'un véritable fourreau d'écorce. Un homme y pouvait pénétrer aisément et y serait presque complètement caché. Qui irait d'ailleurs le chercher là ! Amaury, toujours nu, se glissa dans ce complet végétal, s'insinua dans cette gaine protectrice. Bien lui en avait pris. Car, en regardant par les petits trous de l'écorce, il vit que le comte, qui s'était rapproché, était armé d'un fusil. Emmeline ne s'était décidément pas trompée ! Son mari savait tout, connaissait leur retraite, et venait y faire un massacre. Cependant le comte demeurait immobile et le silence s'était rétabli, terrible, de voluptueux qu'il était tout à l'heure — un silence qu'interrompirent, pour Amaury, de petits coups secs frappés derrière lui. En même temps il ressentit à son postérieur qu'il ne pouvait retourner, prisonnier qu'il était d'une pose inflexible, de violentes piqûres, quelque chose de fort pointu qui y entrait et s'en retirait en cadence, après avoir déchiré la peau au sang.

— Est-ce le remords qui m'aiguillonne ainsi ? pensait le douloureux Amaury.

Et le supplice augmentait encore d'intensité, son invisible bourreau précipitant les coups et frappant plus fort.

— C'est le comte qui m'assassine à coups de lardoire ! pensa-t-il encore. Mort honteuse pour un brave !

Et il allait jaillir de sa cachette, courir au-devant du tortionnaire, quand un coup de feu retentit.

— Bon! me voilà mort, maintenant! murmura-t-il.

Mais il n'était pas mort. Sa torture venait, au contraire, de prendre fin. Il entendit des pas tout contre le saule ; mais ces pas s'éloignèrent ensuite. La sérénité revint, à la fois, dans la nature et dans son esprit. Il écouta... Plus rien que le souffle du vent dans les roseaux et le bourdonnement vitreux des libellules sur les nénuphars et les iris sauvages. Sans bruit il s'échappa de son cachot de bois mort, réintégra sa culotte de citadin, et, ma foi, inquiet encore à demi du sort d'Emmeline, rentra au château, comme si de rien n'était, se disant : — Après tout, que peut-il dire ? qu'il a cru nous voir... Mais il ne nous a pas trouvés.

IV

Au dîner, Emmeline était souriante, avec quelque embarras dans le regard. Mais le comte n'avait jamais été de si bonne humeur. Au dessert, il s'écria gaiement :

— Enfin ! je l'ai tué !

Amaury eut, malgré lui, un tressaillement.

— Et le plomb ne l'a pas trop abîmé, continua le comte.

— Quoi donc, mon ami? demanda enfin Emmeline.

— Mais le sacré pic-vert auquel je donnais la chasse depuis huit jours et que je voulais absolument pour ma collection. J'ai fini par le surprendre dans un endroit délicieux qu'il faudra que je vous montre. Il était en train de piquer comme un furieux dans l'écorce d'un saule. Ah! le mâtin! piquait-il de bon cœur! Il y avait fait au moins cent trous.

— Mettez cent un! pensa le mélancolique Amaury, enfin rassuré tout à fait, mais sentant se rouvrir les innombrables et cruelles blessures que lui avait faites l'oiseau.

Et ce qu'Emmeline pouffa de rire quand il lui raconta ça le lendemain!

COMPENSATION

COMPENSATION

I

Sur la grande place quadrangulaire la lumière vibrante du matin, encore oblique et laissant aux crêtes des toits une égratignure de feu, se répand ensuite en nappe large, mettant un éblouissement à chaque pointe de pavé et semblant y rebondir. Des ombres circulaires et brutales, presque bleues, la déchirent au pied des vastes parasols d'un rouge criard qui se pressent comme des champignons énormes après une ondée, ne laissant entre eux que des ruelles étroites encombrées de paniers. De dessous ces gigantesques ombrelles monte une rumeur faite de l'assourdissement et de la confusion de mille cris aigus et se trémousse le ballonnement des jupes sordides bien remplies. Des chevelures mal peignées mais noires comme des taches d'encre s'embroussaillent comme de sombres comètes et de petites mains toutes hâlées de soleil ébauchent des mimiques impatientes. Tout autour, aux planches de baraques grossières, des ceintures rouges et bleues et d'autres lainages aux bruyantes couleurs flottent comme des oriflammes dans le frisson d'antan qui promène, comme une fumée, de vagues poussières. Dans les grands omnibus à claires-voies coiffés de rideaux rayés et qui longtemps semblèrent avoir l'Apocalypse pour écuries, les gars en béret, les filles au mouchoir noué sur la tête, de grosses dames essoufflées et des clercs d'huissier en retard s'entassent en jacassant comme des pies en cage. Au bout du grand bâtiment qui occupe, seul, un des côtés, les badauds commentent déjà les affiches et, parmi les tons roses qu'y pose le baiser de l'orient, on voit resplendir, en lettres d'or, ce mot fatidiquement romain : *Capitolium*.

Té! nous sommes donc à Toulouse? — Oui, mes petits compères! et plût au ciel que j'y fusse avec vous. Car je l'aime d'une vieille et originelle tendresse, la cité du Capitole, pour les souvenirs d'enfance qu'elle me garde et pour les chers amis que j'y ai laissés. Et ce m'est la plus grande joie de l'année d'y revenir, comme au nid toujours pendu à sa branche, mais dont les autres oiseaux se sont, hélas! envolés. O paresseuse ville, toujours traversée d'éclats de rire et de chansons, patrie des forains et des gobe-mouches qui s'en amusent, terre où les violettes embaument en toute saison, je te veux un jour léguer mes cendres, et dormir sur la colline où conduisent les chemins jadis hantés des troubadours.

L'ingratitude est cependant le propre de l'homme, au moins autant que le rire. Les services rendus par les pigeons, au dernier siège de Paris, n'empêchent pas de les accommoder encore aux petits pois de conserve, ce qui est une bien grande humiliation pour ces sincères animaux. Bien que Toulouse ait un Capitole, on y martyrise singulièrement les oies dont les savoureux viscères, mitraillés de truffes, portent si loin et si haut le nom de Tivollier. Sur la place que je disais tout à l'heure, il faut voir les pauvres bêtes, aux pattes douloureusement liées sur le ventre comme des carènes échouées, battre la poussière de l'inutile mouvement des rames de leurs ailes meurtries. Mais c'est la seule ombre à ce tableau riant et ensoleillé dont les clartés sont faites de la fierté des belles filles qui passent, dans l'orgueil latin de leur race, et du rayonnement de leurs yeux et de cette belle fleur de sang dont leurs lèvres savoureusement humides sont tachées. Pas bien grandes pour la plupart, mais d'une grâce insolente, s'épanouissant à la moquerie du sourire, avec des ondoiements de couleuvre dans la taille qu'emprisonne rarement un corset, les seins fermes jaillissant de la chemise mal fermée et les petits pieds traînant, sans bruit, des espadrilles faisant rêver aux sandales des antiques statues.

II

Notre tant aimé Cadet-Bitard, qui partage absolument mon goût pour ce spectacle matinal, et n'a garde de demeurer dans son lit, — à moins qu'il n'y fréquente quelque aimable compagnie — durant que cette tentante kermesse et si joyeusement nourricière s'agite au dehors, avait cumulé, ce jour-là, le plaisir de s'y rendre avec celui d'y suivre une dame dont il s'était subitement épris. La rencontre avait eu lieu au coin de la rue Cantegril, et la poursuite avait duré la longueur de la rue de la Pomme. Par quoi l'avait-elle séduit? Non pas seulement, soyez-en sûrs, par le charme bourgeois d'une parfaite ménagère allant, elle-même, aux provisions. Comme, des ridicules et douloureux vêtements de la vie réelle, l'âme, sans doute, s'échappe un jour, certaines images très hautes se dégagent quelquefois des mesquines apparences de la réalité. Cette passante était vraisemblablement l'épouse légitime de quelque bonhomme sans nom exerçant un grotesque négoce. La vision s'évoquait cependant, en elle, des belles figures où rayonnait l'orgueil des antiques Panathénées. Tout l'honneur d'une souche humaine, toute la noblesse d'un type resplendissait dans le peu qu'elle laissait voir d'elle, avare qu'on l'eût dite du secret mystérieux de sa beauté, dans l'éclat de son front qui avait la matité du marbre ; dans la sérénité de son regard devant lequel d'invisibles Olympes semblaient s'ouvrir; dans la ligne droite de son nez aux narines pareilles à deux ailes reformées ; dans l'attirante perfidie de son sourire de Vénus sortant des flots avec des perles sous les lèvres; plus encore dans l'instinctive majesté de sa démarche et le voluptueux balancement de ses hanches ondulantes comme les voiles d'un vaisseau sur une mer calme. Et Cadet-Bitard qui est, au fond, un rêveur épris d'antiquité, s'acharnait à cette vision, roulant, sous son front, des délices plus artistiques sûrement que sensuelles, aimant se croire sur quelque voie Appienne en un temps très ancien où les joueurs de lyre n'étaient pas méprisés des hommes et où les femmes s'arrêtaient quelquefois pour les écouter, rêveuses à leur tour sous la blancheur de leurs tuniques et les bandelettes d'hyacinthe dont étaient nouées leurs chevelures. Valery Vernier a écrit quelques vers admirables sur une évocation de ce genre. C'est que nous sommes quelques-uns, ainsi, proscrits d'un autre âge, et en qui plane toujours, à travers les temps, l'inguérissable regret de la Patrie. *Incessu patuit Dea !* murmurait notre classique Bitard, sentant sonner, dans son cœur, comme dans le tombeau de ses cultes passés, chacun des pas, bien légers cependant, que la belle inconnue posait sur les cailloux aigus de la Garonne qui forment encore le macadam toulousain. Et, la rue de la Pomme venant se briser au Capitole, dans une dernière sinuosité, hardiment elle s'engagea, à gauche, dans le dédale des boutiques en plein vent, à travers le gloussement éperdu du patois languedocien, balayant de sa jupe à peine retroussée sur une cheville comparable, par la finesse, au fuseau d'ivoire de la reine Berthe, les fruits et les légumes amoncelés à terre dans la corbeille d'osier et les volatiles captifs, piteusement culs-de-jatte, s'écrasant mutuellement les ailes au fond de larges paniers plats. Et quels admirables desserts sur les tréteaux de bois crasseux formant d'élémentaires étalages : muscats d'Espagne aux grains opaques et parfumés, pêches dont la chair dure met un double ruissellement de fraîcheur aux lèvres, figues s'éventrant en capricieuses obscénités, brugnons luisants comme une boule rouge d'un billard. Mais Cadet-Bitard ne regardait rien de ces merveilles savoureuses dont il ne professait pas cependant l'ascétique et ridicule dédain. Dans son rêve étoilé de constellations ptoléméennes il marchait, prisonnier du sillon que la mystérieuse Muse ouvrait devant elle, comme si le papillon d'or de la rime eût promené, sous ses yeux, son inquiet chemin.

III

— Biédasé ! cap de Dourno !...

Un torrent d'injures lui tomba tout à coup aux oreilles et une façon de Furie se dressa devant lui. Il venait de trébucher et, sous son pied maladroit, une masse de plumes se secouait en geignant, deux pattes agonisantes battant l'air, un petit bec sanglant écumant sur le pavé. En même temps madame

Peyrolade — ainsi se nommait la Furie — avait bondi de dessous son champignon et ameutait déjà toutes les marchandes voisines contre l'impertinent qui, en bâillant au soleil, venait de lui écraser sa plus belle poule. De dessous tous les parasols voisins jaillissaient des figures glapissantes, congestionnées de colère et d'indignation, des poignets se tendaient, des yeux sortaient des têtes, et des bouches se tordaient dans des jurons. Le malheureux Cadet était absolument abasourdi. Un couteau lui traversa le cœur quand il vit l'inconnue, cause de ce malheur, et riant, un peu plus loin, à se tenir ses jolies côtes rebondies.

L'indignation lui donna enfin le courage de la révolte.

— Ah çà! hurla-t-il, allez-vous me fiche la paix, Madame? J'ai écrasé une poule? Eh bien! je vais la payer : voilà cent sous!

Mais, d'un geste exaspéré, madame Peyrolade repoussa cette aumône.

— Cent sous! ma poule Christine! Une poule comme celle-là! Cent sous! Cent francs, oui, misérable! et j'y perds encore.

— Pourquoi pas la croix d'honneur tout de suite? demanda ironiquement Cadet.

Mais toutes les commères clamaient déjà : Cent francs! cent francs! ou chez le commissaire.

Justement celui-ci passait par là.

— Ah! tant mieux! s'écria Cadet. Et s'avançant respectueusement vers le magistrat : « Madame, dit-il, me demande cent francs pour lui avoir écrasé une poule. »

Le commissaire ne sourcilla pas. S'adressant à madame Peyrolade :

— Sur quoi vous appuyez-vous, Madame, pour demander, du dommage qui vous a été fait, un prix qui, au premier abord, pourrait paraître exorbitant ?

— Ah ! Monsieur le commissaire, s'écria en sanglotant la Peyrolade. Si vous aviez connu Christine ! Jamais ! non, jamais ! je ne retrouverai une poule comme celle-là ! Un trésor, Monsieur le commissaire ! une vraie fortune ! Tous les matins je la faisais venir sur mon lit, dans la chaleur de l'édredon, je faisais : glou ! glou, et il me suffisait alors de lui glisser légèrement la main sous les plumes pour y sentir venir immédiatement un œuf superbe...

— Qu'à cela ne tienne, Madame, interrompit héroïquement Cadet. Appelez-moi, tous les matins, à sa place, faites : glou ! glou ! glissez la main sous mon haut-de-chausses et vous y trouverez...

— Assez, Monsieur, fit sévèrement le commissaire. Vous paierez cent francs à madame Peyrolade, non pour lui avoir tué sa poule, mais pour lui avoir proposé une inconvenante réparation.

Cadet paya les cinq louis, et, comme sa répartie avait fait beaucoup rire les commères, on s'en fut tous ensemble, au café Richelieu, les boire. Il embrassa même Peyrolade. Jamais le soleil n'avait lui plus gaiement sur la place du Capitole, parmi les muscats d'Espagne aux grains opaques et parfumés, les pêches dont la chair dure met un double ruissellement de fraîcheur aux lèvres et les brugnons luisants comme les billes rouges d'un billard.

Ce fut un sonnet de plus pour la collection de notre ami :

GALLINACÉS.

Deux pieds et sans plume ! Voilà
Comment Diogène a peint l'homme,
Portrait fort infidèle, en somme :
Deux pieds, soit ! Mais sans plume ? Holà !

Et celle que le geai vola
Au beau paon que Génie on nomme,
Celle dont maint sot nous assomme
Qui se croit le fils de Zola !

Jusqu'à vingt ans — à peine même,
Hélas ! le coq est notre emblème.
Toi, plus tard, ô poule qui ponds

Les œufs d'or que la Femme mange,
— De cette basse-cour étrange,
Les vieux enfin sortent chapons !

TABLE

	Pages.
Orientale	1
Saint Pitoine	13
Cas difficile	25
Boniface	39
Innocence	51
Idylle normande	61
Parabole	73
Colin-maillard	83
L'éducation d'un prince	95
La belle Normande	107
Anthropophagie comparée	119
L'horloge	131
L'oncle Zacharie	141
Les trois hussards	155
Le furet	167
Et ça donc !	179
La rose d'Hoël	191
Bacillomanie	205

Le petit thermidor	215
L'Interrogatoire	225
Réveillon	237
Le signal	247
Excelsior	257
Monsieur Daphné	269
Compensation	281

ÉMILE COLIN. — IMPRIMERIE DE LAGNY.

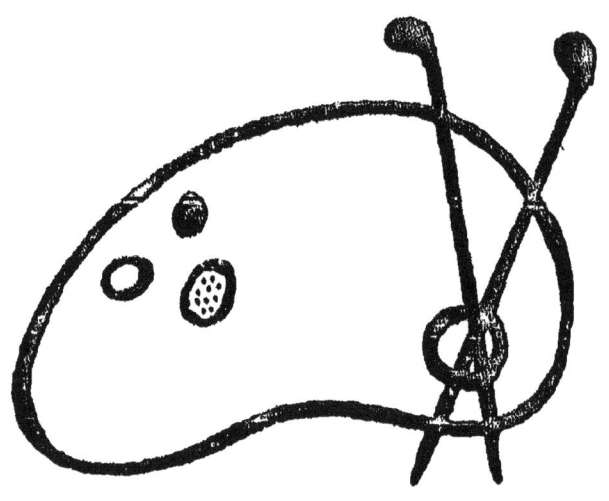

Original en couleur
NF Z 43-120-8

www.ingramcontent.com/pod-product-compliance
Lightning Source LLC
Chambersburg PA
CBHW071132160426
43196CB00011B/1868